沖縄オトナの社会見学 R18

仲村清司
藤井誠二
普久原朝充

亜紀書房

沖縄　オトナの社会見学　R18

もくじ

三バカ男に

素晴らしき止まり木を提供してくれた

Bar 土のバーテンダー竹内剛氏に捧ぐ

プロフィール

沖縄
オトナの社会見学
R18

KIYOSHI NAKAMURA 仲村清司

作家、沖縄大学客員教授。1958年、大阪市生まれのウチナーンチュ2世。96年、那覇市に移住し、移住者の目から見たディープで不思議な沖縄のアレコレを発信する。現在、路地裏に巣くう野良猫の研究に没頭中。研究成果は『島猫と歩く那覇スージぐゎー』という著作にまとまった。特技は那覇市内の野良猫を個体識別することと居酒屋のメニューをアジ演説風に読み上げること。怪しいかぎりだが、いまのところ逮捕歴はない。著書に『猫力』『本音の沖縄問題』『本音で語る沖縄史』『沖縄学』『ほんとうは怖い沖縄』、共著に『これが沖縄の生きる道』『沖縄のハ・テ・ナ』など多数。

PROFILE

藤井誠二 SEIJI FUJII

ノンフィクションライター。1965年愛知県生まれ。20代から沖縄に通いつめ、10数年前に那覇市の中心部にセカンドハウスをかまえて、「半移住」生活を送るようになる。2018年に沖縄の売買春街の内実と戦後史を描いたノンフィクション『沖縄アンダーグラウンド』を講談社より刊行し、第5回沖縄書店大賞を受賞した。中学時代には体育会系の部活と並行して、こっそり地学部にも籍を置き、化石や鉱石を掘るために山を一人で歩き回っていた。大のホルモン好きとしても知られ、『三ツ星人生ホルモン』『一生に一度は喰いたいホルモン』という著作まで上梓するほど。『人を殺してみたかった』『「少年A」被害者遺族の慟哭』など著書・共著多数。

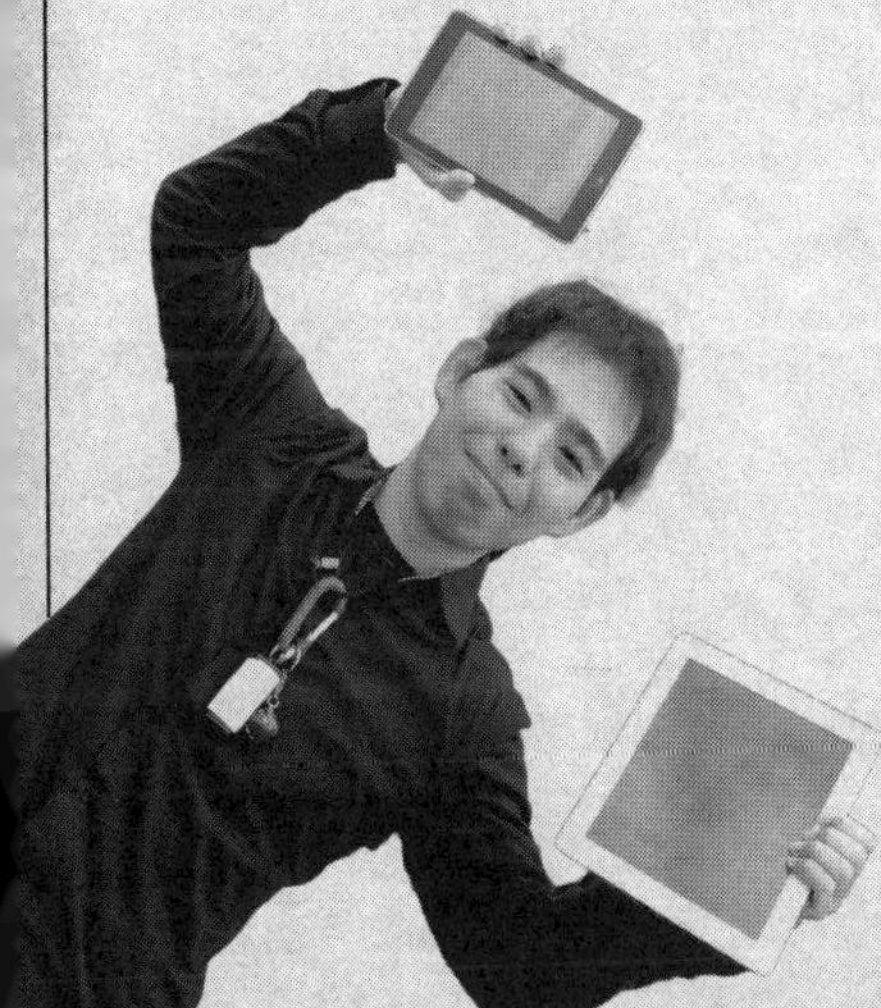

普久原朝充 TOKIMITSU FUKUHARA

建築士。1979年、沖縄県那覇市生まれ。アトリエNOA、クロトンなどの県内の設計事務所を転々としつつ、設計・監理などの実務に従事している。街歩き、読書、写真などの趣味の延長で、戦後の沖縄の都市の変遷などを調べたりしている。2013年頃、仲村、藤井と共に沖縄の街歩きトリオ「三バカ男」を結成。三バカ男の最年少にしてトリオのブレーンとして活躍する。特技は度を越した情報収集と資料集め。だいたいいつもiPadに本を200冊程入れて持ち歩いている。iPadとGPSを駆使することで、現実の街と電脳ネットワークを自在に行き来することもできる。本書が初の著作となる。

歩きはじめに

今日も泊にある「串豚」の暖簾をくぐる。僕と同い年の主人と目が合う。「あ、いらっしゃい」。静かで控えめな口調だが、どこか照れくさそうな笑顔を見るといつも和む。先客はいない。仲村さんも、普久原くんもまだのようだ。たぶん、普久原くんは遅刻してくるな。先にやってるか――。ジョッキグラスを冷やしてあるケースを勝手に開けて、生ビール用のジョッキを手にとって、カウンターごしに主人に渡す。それがここの常連のルール。沖縄に吹く夕刻の生ぬるい風が僕は好きだ。たまらなくビールが飲みたくなる。腕時計を見るとまだ五時。あかるいうちからの酒はどことなく引け目があって余計にうまく感じる。

僕らは沖縄のあちこちを歩き、観察する、ちいさな旅をずっと続けている。旅の終着点は必ずこの店で、旅の総括をあーでもないこーでもないと何時間も立ったまま続ける。そう、串豚は立ち飲みスタイルのモツ焼き屋なのだ。次はどこを歩こうかという会議もこの店で立ったままやる。会議のアテは、串を打った豚のホルモンや主人の喜屋武満《きゃんみつる》さんが手をかけた一皿が何品か。どれも逸品だ。冬場だけおでんもある。沖縄で立ち飲みスタイルをはじめたのは、たぶんのこの店が初めてだろうと思う。それも繁華街ではなく、ふつうの住宅街の一角にある。仲村さんと普久原くんの自宅も、僕の仕事場もここへは歩いてくることができる距離にあって、旅の計画を練る「会議室」としては理想のロケーションだ。

ビールをぐびぐびやっていると、仲村さんがやってきた。地元新聞の連載原稿をぎりぎりまで書いていたという。仲村さんも無言でグラスケースから生ビール用のジョッキを渡すと、主人が「はいよ」と答える。ほどなくして、普久原くんがiPadを片手に登場した。彼も生ビール。この三人の中でいちばん若い彼は、もともと酒をあまり美味いとは思わなかったそうだが、「街歩き」をはじめてからよく飲むようになった。ビールからワイン、焼酎まで、いろいろな酒を心から美味いと感じるようになったのだという。

さて、乾杯。僕たちの「会議室」に全員が揃った。顔をつきあわせれば話がはじまる。そして、止まらない。普久原くんはいつもiPadに何やら新しい資料を入れてきていて、人指し指で画面を拡大したりしながら、説明をはじめる。「街歩き」の計画を練るのはもちろんだが、沖縄が押しつけられている「政治問題」にも議論が及ぶ。と、書くと何やらまじめそうだが、大半はバカ話である。気がつくと三時間近く経っているのはざらで、そこから次の店に移動する。足腰がそろそろ疲れてくるからだ。次の店に移動しても、僕たちはしゃべり続ける。

この本のなりたちをすこし説明しておきたいと思う。仲村さんは『島猫と歩く那覇スージぐゎー』(双葉社)という著作もあり、いわば「街歩き」の達人であった。数年前、僕がコーディネイターをつとめていたインターネット放送を沖縄のスタジオから発信する機会があり、仲村さんにゲストとして来ていただき、知り合った。

その頃、僕は建築家の普久原くんと一緒に沖縄の米軍基地の周囲でかつて栄えた「特殊飲食街」の痕跡を探す「街歩き」をしていた。僕は沖縄の売買春街の歴史と内実を描いたノンフィクション(『沖縄アンダーグラウンド』講談社)の取材も並行しておこなっていて、その延長で「街歩き」を普久原くんとするようになっていたのである。彼と知り合ったのは、十数年前に僕の那覇の仕事場をリノベーションしてくれた建築家集団に普久原くんが入っていたからだ。彼はかつて那覇の波之上にあった水上店舗の調査をしたり、建築家として壺屋で景観を壊さないような家づくりに関わるなど、学究肌の路上観察者なのだ。

僕自身はいろいろな取材で沖縄のあちこちの街に赴くうちに、いわゆる「観光地」では味わえない「街歩き」の楽しさに目覚めた。もともと路地に入り込んでいくのが好きなたちなので、沖縄で「半移住」生活をはじめてからしばらくするうちに、街をうろつき回る時間が長くなっていた。最初の頃はクルマで海を見に行って「沖縄」を味わっていたのだが、いまではほとんど行かなくなってしまった。

あるとき三人で栄町の焼き鳥屋・ちぇ鶏で飲んだ。主人は京都からやってきた崔泰龍《チェテリョン》さんで絶品の焼き鳥を供してくれる。そのときにそれぞれの「街歩き」を合流させようじゃないかということになった。こんな楽しいことを僕たちだけの趣味にしておくのはもったいない、と。たしか仲村さんの提案だった。とはいえ、こんなことをしてへらへらと喜んでいるのは僕たちだけではないか――つまり三バカ男だから楽しい――という懸念が僕にはあったのだが、きっとそうではないぞと仲村さんが宣言したのだ。三人よれば文殊の知恵。歩き回るうちに「街歩き」の無限の楽しみ方が見えてきたのである。

みなさん、ご一緒ください。

藤井誠二

↗三バカ男たちの会議室・串豚の暖簾前にて

本書の使い方

本書は「粋」なオトナのための沖縄の街歩きガイドブックです。本文の中で言及した街歩きスポットを実際に訪れることができるように、巻末に「街歩きスポット」のリストと「社会見学マップ」を付しています。

本文中に★で示されているスポットは、巻末のリストに所在地やアクセスの仕方が記されているものです。

本書を読みながら、ご自身のお気に入りの場所を見つけて、ぜひ自分の足で訪れてみて下さい。

第1章　那覇編　前編

路地裏の三バカ男、那覇のディープスポットを彷徨う

街歩きルート

国際通り

沖映通り

ニューパラダイス通り

市場通り

浮島通り

桜坂

壺屋やちむん通り

那覇は沖縄本島南部に位置する中核都市です。沖縄観光に来たら、まず那覇一番の繁華街・国際通り付近に停泊する人も多いでしょう。しかし、もっとディープな沖縄観光を求める人には、国際通りから一本逸れて、小さな路地裏に迷い込んでみることをお勧めします。国際通り付近に網の目のように張り巡らされた路地には、沖縄の戦後の光と影を映し出す、如何わしくも魅力的な、懐かしくも新鮮な、素敵な風景が広がっています。ここでは、そんな那覇の裏路地探索の極意をお教えします。

那覇の路地裏は秘境でいっぱい

仲村　那覇で暮らして一九年目になりますが、移り住んだ頃に比べるとあちこちが再開発され、街はずいぶんリトル東京化しました。でも反面、開発から免れたところもかなり残っていて、意外にも街の中心部は昭和の面影を残したところが多いのです。特に観光コースになっている牧志や壺屋などは路地で成立した街であることがわかりますね。藤井さんもこちらで半移住生活をしてからずいぶん経ちますよね。そのあたりの実感は？

藤井　那覇に「半移住」して十年くらい経ちますけど、やっぱりこの街は路地が醍醐味ですね。でも、最初は路地に入っていいのだろうかととまどいましたよ。なんか余所さまの家に勝手に入っている感じがして。でも、そうじゃないんですね。いまは路地があると体が勝手に吸い込まれるように、その先に何があるのかわからないけど、ずんずん歩いていってしまうようになっちゃった。で、歩いていくといきなり民家の庭先に出たり、見知った通りに出たりして驚かされます。

僕は子どもの頃から、路地を見ると勝手に体がそっちへ吸い込まれていってしまう体質というか。猫が狭いところに入り込んでいってしまうように。そういう体質の持ち主としては那覇はぴったりなんです。

仲村　実は僕が書いた『島猫と歩く那覇スージぐゎー』（双葉社）や『猫力』（アスコム）を片手に街歩きをしている観光客もいるんですよ。那覇の国際通りをはさんで両サイドのエリアですが、そこには野良猫たちが闊歩する路地が縦横無尽に走っています。スージぐゎー（路地裏）はどんなところにもありますが、那覇の路地は街のもう一つの「貌《かお》」と言えますね。

藤井　僕は最初、映画監督の中江裕司さんに「一番好きなスージぐゎーなんだ」と言われて、国際通りのライオンズマンションの脇にある路地★を入り、いまのドン・キホーテが入っているビルの脇の方へ抜ける道を教えてもらった。いまは駐車場になってしまったけど、スージぐゎーを歩いていて急にひらけたところに出て、アパートが建っていて、おばあさんが猫たちに餌をやっている光景に出くわしました。何か冥界に迷い込んだ感じでした。

仲村　那覇は昭和一九年一〇月一〇日のいわゆる「十・十空襲」と翌年の沖縄戦で街が壊滅しました。戦後の出発点になった場所は比較的被害の少なかった壺屋から神里原《かんざとばる》にかけてです。そこから自然発生的に闇市が牧志方面（現在の国際通り方面）に広がっていきました。つまり、戦後の復興期に急ごしらえでできた街なので、路地が入り組んだ住宅や商店が四方八方に無秩序に密集している。だから、那覇は中心街ほど路地が多いんだね。

戦後に形成された路地。狭い路地に住宅がひしめき合い、戦後のどさくさ感が漂う

戦前の面影を残す古い路地。緑に囲まれたくねるような道が特徴

普久原　補足すると、沖縄にはおおまかに二種類のスージぐゎーがあるんですよ。壺屋のいしまち通りのように戦前の情緒を残した古い路地もありますが、その他のほとんどは戦後の住宅密集によって形成された路地です。後者の路地は沖縄本島だけに見られるのですが、それは戦後、米軍が「割当土地制度」を実施したことに起因します。

藤井　僕が迷い込んでいたのは後者の方ってことだね。ところで、「割当土地制度」って？

普久原　戦後の沖縄では米軍に基地用地として多くの土地を接収されてしまったので、民間収容所からの移動が自由になった後も旧居住地へ帰れない人々が数多くいました。そこで応急措置的な対応として市長村長や米軍地区隊長の権限で必要な土地を割り当てて、無償で使用させたんです。那覇も当初は米軍が接収していて、その後の数度にわたる開放にともなって割当土地制度が使われました。

藤井　無償で？

普久原　戦後の混乱期でしたから、当初は地主も断ることができなかったんです。だから、戦前は田畑しかないまとまった面積の区画のはずだった場所が、戦後は細切れにされ無秩序な小区画の敷地になってしまったんです。闇市が興《おこ》って、土地の利用価値が上がりだしてから疎開先から戻ってきた地主とのトラブルなどが絶えなくなったので、居住者の権利を優先し期限を設けた「みなし貸借契約」があったものとすることにしたようですね。

藤井　いまでも知り合いが新築しようとして土地を取得しようとすると、必ずと言っていいほど土地の境界線を巡ってトラブルになり、訴訟になってるケースをよく聞くなあ。

普久原　その後、期限が訪れる度にトラブルになって、期限延長をくり返し、復帰後は通常の土地の貸借契約として扱われるようになりました。街歩きをしていると、その地域に関係のない別の地域の地名が付けられた公民館を見かけたりしますが、それは旧居住地に帰れなかった集落の人々がその地域に割り当てられたということのようです。そういうところにも戦後史を感じますね。

国際通りのライオンズマンション（写真右のレンガ塀）の脇を抜けて細い路地に迷い込む仲村氏

現在の国際通り。那覇随一の繁華街として連日観光客で賑わう

かつての国際通り。広大な畑が広がる地域だった（那覇市歴史博物館提供）

仲村　なかでも今日歩いた国際通りのライオンズマンションの脇から入る路地は那覇でも第一級の秘境というべき「名路」です。ここは地元の人も知らない路地で、裏道の奥には戦後の昭和の風景がどーんと広がっています。

藤井　「名路」っていいですね。たしかに、なんだか昭和三〇年代にタイムスリップしたような場所でした。国際通りに面したライオンズマンションの真裏が亀甲墓になっていたなんて知らなかった。住んでいる人は気にしないのかな。

仲村　戦前の国際通りは農道のような一本道で、牧志と首里を結ぶために敷設された道路なんです。当時は広大な畑と湿地が広がる寂しいところで、墓地群も点在していました。ところが、戦後は急速に商業地が広がり、建物や商業ビルが墓場を囲う壁のようにして建設されたんだね。でも、表通りからは墓がまったく見えないので、繁華街のど真ん中なのに、いつのまにか忘れられた場所になってしまったわけです。

普久原　牧志公設市場★や平和通りのような表通りから一本横道にそれて路地を進んでいくと、ところどころにバラックの住宅がまだまだ残っていますね。浮島通りは若者向けの服飾関連のおしゃれな店が増えていましたが、最近はカフェやワインバーなどが建ち並びだしています。

仲村　意外と見落としがちだけど、浮島通りは敗戦直後から営業している老舗の畳屋や建具屋、金物屋もあるんです。敗戦直後は職人の街として出発したからです。当時流行した店の屋号を木彫で浮き彫りにした意匠看板をかけている老舗の薬局もありましたが、いまや珍しいコンドームの自販機も店の前に設置されていましたね。

藤井　チューインガムの自販機もあんな感じでしたよね。現代の青少年はあの自販機が何なのかわかっているのかな。コンドームの自販機には深夜、人通りがなくなってから買いに行ってましたが、ばったり友人と出くわしたことがありました。もちろん、彼も同じ目的で深夜に来たんだけど、いまはそんな経験してる若い子は少ないだろうなあ。

仲村　そうだよね、もはや時代の遺物だからなあ。僕は高校時代、使う相手もいないのに、

日本の近代文化遺産・コンドームの自販機。「Happy Family Life」の心遣いも素敵だ

「自称・猫」の仲村氏がお仲間と戯れる様子。猫がいやがっているように見えるのは気のせい？

こっそり夜陰にまぎれて買ったことがあるなあ。童貞には装着の仕方がわかんないんだよね。ずいぶん悩んだ覚えがある（笑）。

藤井　あはは。あれは目の前に相手がいて初めて装着可能になるものですから。

仲村　いまは理研と言えばSTAP細胞を思い浮かべるけど、僕らの子どもの頃は理研と言えば岡本理研ゴムでした。岡本理研はあの方面のブランドだったよね。

那覇はニャハと読むべきなのだ

藤井　ところで、仲村さんはあの界隈の野良猫に全部名前を付けていましたが、どうしてですか？

仲村　僕は人間の顔や体つきをしていますが、本当は猫なんです（笑）。なので、実は尻尾も生えていますし、猫舌で猫語を解することもできる。仲間の猫とは「ゴロニャン！」と言って挨拶もしますので、やはり本来の名前で呼び合わないとね。

普久原　え⁉　猫には生まれたときから名前がついているということですか？

仲村　そうだよ。知らなかったの？　牧志と壺屋をつなぐ天ぷら坂は我喜屋《がきや》一家と言って、女親分の「牧志節子（＝猫）」が一家を統率しているし、客分には神里原出身の伊達男「小政（＝猫）」もいます。

普久原　野良猫を固有名で呼ぶおじさんって危なさしか感じませんが（笑）、仲村さんは島猫をテーマに本を書いているくらいのこの道の「権威」ですからね。

仲村　僕の愛猫の「向田さん」も含めて、僕は沖縄の猫を島猫と呼んでいます。もちろんそんな品種はないのですが、島猫にはそれとわかる特徴があります。

藤井　ほう。ゴーヤーを食べるとか。

仲村　まあ、スパムは日本一よく食べているでしょうが、特徴は身体構造にあって、耳が大きく、尻尾が長い。これは亜熱帯や熱帯など暑い地域に見られる共通の特徴です。つまり、暑い地域は体内に熱がたまりやすい。猫には発汗機能がありません。なので、耳や尻尾など

仲村氏の愛猫「向田さん」の麗しきお姿

の突起物を大きくして熱の放散効率を高めているんですね。熱帯に生息するシャム系の猫もそんな感じです。

藤井　ということはオスは「突起物」が大きいほど暑さに強いってこと？　仲村さんは猫だから実感できるんじゃないの（笑）。

仲村　うーん、理屈ではそうなるけど、どうだろうなあ。僕はアレを出してほっつき歩かないからなあ。

普久原　考え込まないでくださいよ。どんどん話がダメな方向に展開してますよ（笑）。今日見た黒猫もそうでしたけど、あれはキムリック系の長毛種ですよね。沖縄はシャムやティファニー（シャンティリー）、ペルシャ種などの外来の長毛種との混血が多いような気がします。

仲村　鋭いことに気づいたね。普久原くんは猫を語る資格がありますな。実はこれには諸説あって、戦後、沖縄を統治した米軍が飼っていた外来種と地元の猫が混血したというもの。もう一つは移民した人のペットとの混血説です。沖縄は海外移民が日本一多い地域ですが、戦後は逆に南米などに移民した人たちの帰還も多かった。その人たちが持ち込んだ外来種と混血したという説ですね。実は向田さんも首まわりの毛がふさふさしています。ほら、混血は美女が多いでしょ。向田さんも長毛種の血が入っているかも。

那覇の都市計画と川の上の水上店舗

藤井　あの……。猫自慢はそれぐらいにして（笑）、牧志公設市場を中心にした市場通りや平和通りの話をしましょう。あのあたりは沖縄屈指の観光スポットになって、観光客が多いけど、地元の人も歩いてほしい通りですよね。牧志公設市場（第一）は一階で魚や海老なんかを買って、二階で調理をしてもらって食べることができます。でも、一番流行っているのは台湾系の方がやっているきらく★ですね。正確には「台湾的な沖縄料理」と言うか。豚の三枚肉の煮つけを食いながらオリオンビールを飲む、なんていう昼酒ができておいしいです。

仲村　公設市場の北側に細い路地が伸びていますが、驚異的な価格設定という点で言えば、その路地沿いにあるソーキそばで有名な田舎★という食堂も見逃せません。普通の沖縄そばが四五〇円なのに、それより高く設定すべきソーキそばは三八〇円。もともと四三〇円だったのに値下げしたんです。しかもジューシー（沖縄の炊き込みごはん）が無料で付いてくる。「沖縄そ

牧志公設市場。様々な商店が建ち並ぶ那覇の名物スポット

現在、牧志公設市場があるあたりは、かつては川沿いにバラックが建ち並ぶ闇市だった（那覇市歴史博物館提供）

ばの立場はどうなるんだ！」と膝詰め談判したくなりますね。

普久原　仲村さんの大好きな昔ながらの黄色いカレーも健在ですから、公設市場や市場通り近辺の路地歩きはB級グルメ好きも探検気分に浸れますね。牧志公設市場の向かいの建物は水上店舗★とも呼ばれていますが、農連市場★からジュンク堂那覇店★のある沖映通りまで続くガーブ川を暗渠《あんきょ》化して、その上に建てられているからです。沖映通りは川を暗渠化する際に道路の高さが上がってしまったようで、通り沿いにあるドミトリーの月光荘★や沖縄そば屋の大福そば★などのある古い建物は、店に入ろうとするときに階段を下りる造りになっていますよね。

藤井　暗渠化する前の闇市の資料を見るとガーブ川沿いだけでなく、木造の橋を架けたその上でも商売をしていたようですね。

普久原　戦後の都市計画の初期のほとんどは闇市の整理に終始していますからね。東京も水の都だった江戸以来の河川を瓦礫で埋め立てて、その造成地を売却することで資金を捻出したり、不法占拠状態の闇市整理のための移転先にしたりしています。その東京の戦災復興計画にも関わった都市計画家の石川栄耀《いしかわひであき》さんの監修の下で、那覇の戦後の都市計画もなされているので、水上店舗でもその手法が半ば踏襲されたのだろうと推察します。

藤井　石川栄耀は、戦前の名古屋市の都市計画をしたり、戦後では新宿歌舞伎町の計画もした人だよね。歌舞伎町の名付け親でもある。元コマ劇場前の広場も独特だよなあ。

普久原　戦前、彼はイギリスの田園都市レッチワースの計画などで知られる都市計画家レイモンド・アンウィンに会っています。そこで、名古屋の都市計画図を見せたら「君の計画には人生《ライフ》がない」と言われてしまったことが、その後の都市との向き合い方に大きく影響しています。富国強兵時代の計画では、水辺がすべて工業地帯として設定されていて憩いの空間がまったくありませんでした。那覇の都市計画では、ガーブ川沿いの問題処理を含めて、波之上に噴水設置の提案をするなど水辺の空間に気を使っていたことがわかります。

那覇の素敵な本屋さん探訪

藤井　市場通りと言えば、公設市場の正面に日本一狭い古書店として有名になったとくふ

宇田智子『那覇の市場で古本屋』（ボーダーインク）

く堂がいまは二代目になり、名前を変えて古本屋のウララ★になっています。ウララについては店主の宇田智子さんの本『那覇の市場で古本屋』（ボーダーインク）に詳しいですが、宇田さんは元ジュンク堂那覇店の方ですので、立ち寄ってみるのもいいですね。僕は店長が友人なので、よく本を買いました。

仲村　ウララは僕の著書を正面に置いてくれているんですよ。店主の宇田さん、いい人ですよね。ちょっぴりクールで。実はここだけの話、僕は宇田さんの隠れファンなんです。

藤井　別に隠れなくてもいいじゃないですか。何か隠れなければならない事情でもあるんですか（笑）。実は僕も宇田さんファンです。

仲村　ファンの心理から言うと照れるんですよね。正面からご尊顔を拝見するとアガってしまうんです（笑）。なので、いつも隠れるようにして市場の入口からそっと見る……。

藤井　店には入らないのですか。

仲村　恥ずかしくて、とても。

普久原　本当に身を隠してどうするんですか（笑）。本来は「隠れファン」って、ファンであることを周囲に公言できない人を指すんですよ。ご当人の前で隠れる必要はありませんから（笑）。

藤井　那覇は素敵な古本屋が他にもあって、市場通りからは離れますが、秋田から移住されたご夫妻が若狭でやっているちはや書房★もいいですね。他にも松尾の新天地市場付近に言事堂《ことことどう》★もあります。独自のセレクトで、棚を見上げていると思わず見とれてしまって、時間が経つのを忘れてしまいますね。書店と言えば、浮島通りにある絵本専門店のえほんやホッコリエ★もいいです。空間の雰囲気がすばらしいいし、その横にあるカフェプラヌラ★で買った本を読むというのも、那覇でのいい時間の過ごし方なんじゃないでしょうか。プラヌラもブックカフェでインテリアがすばらしい。那覇では僕は一番落ち着く喫茶店だなあ。

仲村　買った本が読める、原稿が書ける落ち着いたカフェも那覇には多いですよね。たとえば、安里には古民家Cafe茶ぁーやー★という沖縄独特の赤瓦の古民家スタイルのカフェがあります。ここは店の裏側に遺跡のような古いお墓もあって、空間的にほとんど失せてしまった昔の那覇の地形や歴史を感じさせてくれます。

古民家 Cafe 茶ぁーやーは赤瓦の古民家を再利用したカフェ。ノートパソコンで原稿を書いているのは「出来る男」藤井誠二氏

藤井　仲村さんは猫カフェの方がいいんじゃないですか？（笑）

仲村　那覇は野良猫が多いからわざわざカフェに行く必要がないんです。それに浮島通りには猫が店番しているブティックがあったり、市場近辺では猫店長がいる泡盛の店もありますよ。平和通りの嘉数商会★には猫の番組や雑誌でひっぱりだこの「みーたん」という茶トラの猫もいます。沖縄は猫が堂々と商店街の真ん中を歩いているけど、島の人たちは人だけでなく、猫に対する人情も厚い気がするなあ。森南海子さんが『猫は魔術師』（竹書房）というエッセイ集に、沖縄の猫について、「猫が違うのではない。そこに住む人が違う」と記していますが、けだし名言ですね。ただ、最近はあいつぐ再開発で猫の居場所がどんどんなくなっています。

普久原　僕はこれまで子どもや高齢者などの交通弱者の目線で街を考えたことはありましたが、猫目線で街を考えたことはなかったですね。仲村さんは前に幹線道路ができると野良猫がいなくなると言っていましたが、猫目線から気づかされることもいろいろありました。

那覇の「奥座敷」は日ごと寒さがつのります

藤井　戦後復興のスタートの土地になった神里原から農連市場は動線でつながっていますが、ここもいま再開発で大きく変わってしまいました。

仲村　そうなんです。敗戦後の那覇は市街地のほとんどが米軍に接収されていて、最初に開放されたのは戦禍が少なかった壺屋地区です。その壺屋に隣接する神里原地区に衣料品店や飲食店などが続々と出店し、百貨店や映画館、写真館もあった一大商業地でした。当時は三〇〇メートルほどの神原大通りやその横丁に三〇〇件以上の商店が建ち並んでいたそうです。

藤井　その後、街の中心は一九五三年に整備された国際通りに移っていきますが、人の流れも変わって神里原は特飲街(特殊飲食街)に変わっていきますよね。特飲街というのはいわゆるスナックや女給さんがいる「カフェー」、キャバレーなどが密集している場所で、那覇ではあちこちに点在していた。そこでは公然と売買春がされてました。十貫瀬《じゅっかんじ》とか若い世代は

当時の神里原の様子。商店で賑わう繁華街だった(キーストンスタジオ提供・那覇市歴史博物館所蔵)

再開発前の神里原の路地。戦後の気配を色濃く残していた

地名すら知らないし、栄町のようにいまは若い料理人たちが盛り上げて賑わっているところもあります。那覇以外の本島中部の特飲街は米軍基地に隣接するように発生してすたれていきました。主に米兵相手に栄えたところです。

仲村　いまではすっかり場末の町になっていますが、長屋酒場や裏通りに密集する飲食店は当時からの建物で、居酒屋のおでん六助★は筑紫哲也さんが常連だった店です。加えて、敗戦後の闇市の風景をありありと残している農連市場も神原大通りをはさんでつながっていて、映画のロケにも使えそうな昭和の景色が残っていたんです。ところが数年前からはじまった道路拡張や再開発で多くの店が立ち退きになり、新道が敷設されてからは当時の雰囲気は失せてしまいました。

普久原　往年の雰囲気を残した文化財的な建物もありましたが、だいぶ消えてしまいましたね。

仲村　農連市場も再開発のため、建物はすべてとりつぶされつつあります。おばあが座り売りしているような戦後の闇市の名残が垣間見えた市場なんですが……いよいよ見納めとなりました。訪れるならいまですね。

普久原　そうですね。スージぐゎーの多い密集住宅地も都市計画上は不良住宅地扱いなんです。実際問題として火事や震災が発生したときに、緊急車両が入れないので延焼を防ぐことができませんし、救援も困難になります。だからといって、幹線道路を通すと心理的にも分断されてしまいます。

ちなみに、大阪の法善寺横丁が二〇〇三年に火災に遭いながらも細い路地を活かして再建されていますね。いまの建築基準法の下では、通常なら路地を拡幅しなければならないのですが、防災・避難上の工夫をしつつ地域単位で計画したようです。スージぐゎーのよさを活かしつつ、防災等のデメリットを最小化するには地域ぐるみでの協力も必要になりそうですね。

藤井　先ほども話に出た浮島通りはいま那覇で一番おしゃれな通りと言われていますが、その立役者の一人と言ってもいいのがガーブドミンゴ★です。実は僕はオーナーの藤田俊二さんと

再開発後の神里原大通り。閑散とした風景が寂しい

浮島通りのおしゃれな陶器屋ガーブドミンゴ

は東京時代からの知人ですが、沖縄のやちむん（焼き物のこと）を中心とした陶器類を扱うギャラリー・ガーブドミンゴができてから、周囲の雰囲気が変わりましたね。やちむんも見せ方一つでこうも素敵に見えるのかと発見があります。二階では地元のアーティストの個展なんかもやっていて、それを見に行くのもいい。仲村さん、沖縄の雑誌の『モモト』（編集工房東洋企画）の料理連載で藤田さんの私物のやちむんをずいぶん借りたんですって？

仲村　壺屋焼をはじめ沖縄の伝統的な焼き物は柄や色使いがハデすぎたり、大ぶりすぎたりして、実は食材を盛り付けるのが難しい器が多いんです。ガーブドミンゴは沖縄の陶芸家の作品を扱っていますが、料理の邪魔をせず、食材の持ち味を引き出してくれる器が揃っていますね。僕のように料理を趣味にしていて、それを自慢げに人に見せるという人間にとってははずせないショップです（笑）。

藤井　『那覇アートマップ』という、やちむんやアートを扱う店を載せたマップもあるので、それを手にまわるとすごく楽しいと思います。ガーブドミンゴは最近は台湾から若いおしゃれなカップルが買いにくるそうですよ。

桜坂では、桜坂劇場★がやはり一日過ごせます。シネコンではまずかからないような映画を観て、オーナーの中江裕司さんが力を入れているやちむんショップふくら舎★を見て、気に入ったら購入して、一階の古本コーナーや新刊、雑貨類をゆっくりと見て、コーヒーショップでお茶を飲む。本当にのんびりとした時間を過ごせますよ。劇場の前は自由に座ってくつろげるスペースになっているので、近隣のおじいちゃんやおばあちゃんが日がなすわっておしゃべりしてるし。

仲村　その反面、那覇の「奥座敷」と言われた桜坂の酒場街は新道の再開発によって、すっかり風情を失ってしまいました。現在は国際通りから丸見えですからね。見てはいけない奥座敷が素っ裸にされたようなものです。那覇の酒場街と言えば、桜坂、栄町、松山、若狭あたりになりますが、桜坂は別格でした。僕が沖縄に移住した九〇年代後半でも「酒徒の登竜門は桜坂」と言われていました。

普久原　そうだったんですね。一風変わったお店が多かったので、僕も社会人になってすぐの頃は職場の上司や同僚とよく飲みにきたことがあります。二帖の畳間がある餃子屋さんなどを見つけて無理矢理四人で座って、酔っぱらいながら「二帖の空間性」について議論したりしていました。よくよく考えると建築の先輩方に街歩きの楽しさを教えてもらったのはこの街が最初だったかもしれません。

藤井　普久原くんは建築家だからね。やっぱりこういう酒場街は建築的にも面白い建物が

桜坂劇場。映画館の他雑貨屋や本屋、焼き物屋やカフェなどがテナントに入っている

かつて酒場街として賑わっていた頃の桜坂（キーストンスタジオ提供・那覇市歴史博物館所蔵）

多いよね。

仲村　いまは人の流れも変わって、すっかり寂れてしまいましたが、本土復帰前の桜坂は週末ともなると、通りを歩く酔客の肩がぶつかり合うほど賑わったそうです。当時は、琉球政府の役人が接待などで桜坂のお店を使っていたんです。その頃はまず竜宮通りの料亭や割烹で食べて、それから桜坂へ直行というコースだったらしい。官僚やエリートが足繁く通う桜坂にとってもいい時代だったんですね。

藤井　ところで、桜坂劇場はもともとは桜坂シネコン琉映だったところを映画監督の中江裕司さんが再生させて、運営をしてます。僕は彼のことを雑誌に書いたことがあって（『壁を超えていく力』〔講談社〕に所収）、そのときに戦後から植わっていた桜の木のことを教えてもらいました。ひょろひょろっとした、数本の桜が桜坂劇場の隣の土地に生えていて、ちょうど土地を均す工事中だった。で、中江さんが工事中の重機を動かしている人のところにばーっと駆け寄っていって、この桜の歴史を知ってますか？って聞いていた。工事の方は、知ってるよ、だから伐らないよと言ってました。しかし、その後のさらなる再開発によって、桜坂劇場だけを取り囲むようにして巨大ホテルができてしまい、その過程で残っていた桜の木も伐採されました。

仲村　ほんとに残念だね。

藤井　いま桜坂劇場の前には中江さんらが植えた新しい桜が植わってますが、劇場を守り抜くことも含めて、街の記憶を少しでも残したいというのが移住して三〇年以上経つ中江さんの思いなんです。中江さんは『ナビィの恋』とか『ホテル・ハイビスカス』をつくった監督ですが、沖縄サミットのオープニングのプロデュースもしたことも含めて沖縄の左派系言論人から、「沖縄を商業化したヤマトンチュ云々」とよく悪口を言われるんだけど、桜坂劇場を守り抜いていることは誰も評価しない。彼が踏ん張らないと街は完全に変わってしまったのに。

普久原　桜坂の歴史には、山城善光さんという人物が大きく関わっています。この方が現在の桜坂劇場につながる珊瑚座の落成や、通り組合の結成、通り名の決定に努めた人です。桜坂の桜は山城さんの郷里である大宜味《おおぎみ》村《そん》喜如嘉《きじょか》と本部町の伊豆味《いずみ》より調達して、通り沿いに一〇〇本植えたとされていますが、数年で枯れてしまったそうですね。枯れた理由は諸説ありますが、沖縄のヒカンザクラの植え替えには適切な時期があるらしいので、それを誤った

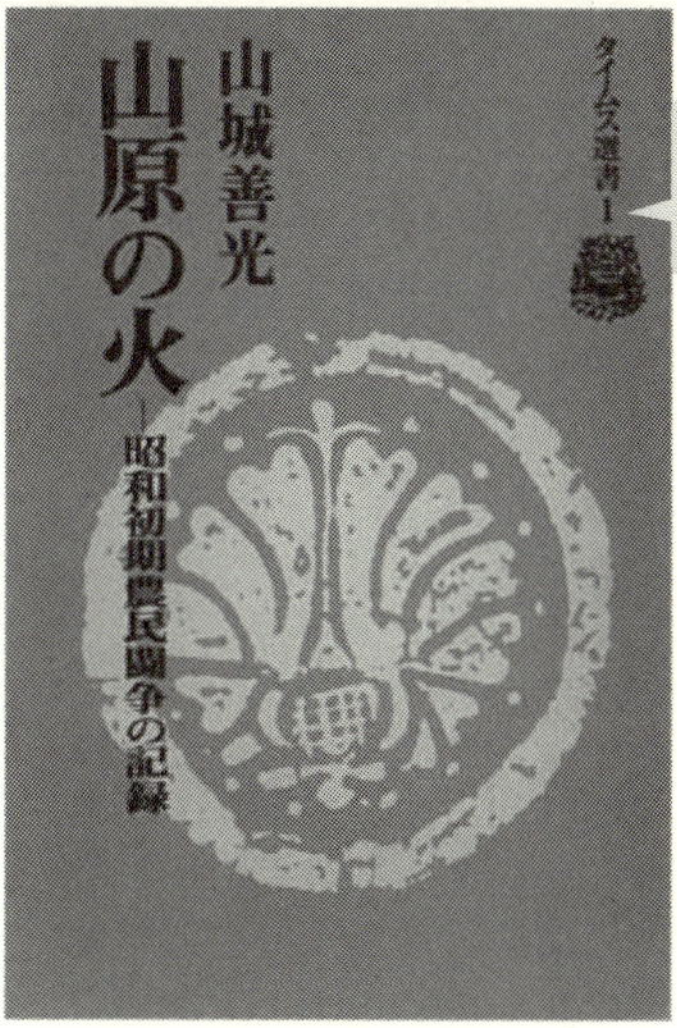

山城善光『山原の火』（沖縄タイムス社）

のかもしれませんね。後年は、沖縄の精霊であるキジムナー研究などもされていて『不思議な火をともす怪奇動物ブナガヤ（きじむなあ）実在証言集』（球陽堂書房）という本まで出されていたりします。山城さんには文化史的側面と政治史的側面がありますが、波乱万丈な人生を送られていますよね。

仲村　彼は一九三一年の大宜味村の農民運動のリーダーだったときの経緯を『山原の火』（沖縄タイムス社）という著作にまとめているよね。大正から昭和恐慌時の沖縄は蘇鉄《そてつ》地獄（飢えをしのぐために植物の蘇鉄まで食べたという飢饉）と呼ばれるほど、日々の食事にも困っていたから、民主化と財政経費削減などを求めて闘ったらしい。特高警察に徹底的に弾圧され、拷問も受けたようです。その後、本土で活動して終戦を向かえ、沖縄に戻って戦後初の政党「沖縄民主同盟」の結成にも関わっているし、立法院議員も一期だけ勤めている。

藤井　桜坂の桜の背景には、そんな人物史があったのか……。

禁断の花園・桜坂のゲイバー、ミックスバー

普久原　最近知ったのですが、桜坂と言えばゲイバーが多くなりましたね。

仲村　かろうじて体を張って頑張っているジャンルですね。「禁断の花園」と言われた老舗のゲイバーの守礼★も健在です。何を隠そう、僕はその花園に入れ込んだ時期があって、背徳を重ねるように通ったことがありました。その頃は「あら〜男がきたわよ。お化け屋敷へようこそ」と言って、化けもののようなホステスさんが迎えてくれたものです。四〇年以上にわたってダシが受け継がれているというおでんも食べ放題。「私の足より太い豚足もシャブリ放題だわ」とか言われてね。湿っぽさがなくて、大人の会話も絶妙で、いつも明るくて元気をもらった店です。

藤井　夜の桜坂は那覇唯一のゲイタウン、東京で言えば新宿二丁目に当たりますね。数十軒ありますが、ノンケの人も入れる、いわゆる観光バーとかミックスバーと言われる店も何軒かあります。でも外見からだとわからないので、地元の飲み屋の人に聞いていったらわかります。実はゲイバーマップがあって、桜坂近辺でしか見れないのだけど、それを見ると、

現在の桜坂。怪しげなネオンサインが輝く店がまだ残っている

ゲイオンリーか、ノンケもいいか、男もいいか、レズビアンか、みたいな情報が書いてあってそこから選べます。僕はそこで教えてもらった店の一軒のマロンの大冒険★という店で飲んだけど楽しかったなあ。男子は皆かっこいいし。

普久原　そのゲイバーマップ見せてもらって、その店舗数の多さに「こんなことになってたのか」と驚いてしまいました（笑）。でも、そういう街があることが重要だとも思っているんです。リチャード・フロリダという米国の社会学者がクリエイティビティの高い人材が集中する都市の成長性の高さを分析していますが、その著作ではそういう人材が集まりやすい地域かどうかを示す指標の一つとして「ゲイ指数」というモノサシを設定していますね。ＬＧＢＴ（Ｌ＝レズビアン、Ｇ＝ゲイ、Ｂ＝バイセクシャル、Ｔ＝トランスジェンダー）の人でも住みやすい場所かどうか。そこから地域の成長の要となる住民の寛容度や多様性の高さを読み取ることができるというわけです。米国での研究結果なので、そのまま日本に適用できる話ではありませんが、桜坂のような場所があることは大事なことですね。

藤井　「マロン」には普久原くんと行ったんだけど、ゲイカップルだと完全に思われてたね。僕は日本最大のゲイタウン新宿二丁目で毎晩のように飲む期間が十年ぐらいありました。また、僕の生まれ育った名古屋の新栄という風俗街の一角はかつてはゲイバーが集中してて、そこの朝まで続くカラオケが原因で——屋根裏部屋みたいなところに僕の部屋があって、その部屋とゲイバーが隣接していた——小学生のときに眠れなかった思い出がある。朝、小学校に行くときに女性にしか見えない男性が立ちションしてて、母親に「なんで女の人が立ちションしてるの?」って聞いた覚えがあるぐらいですから、そういう街にいるとなんか落ち着くんですね。普久原くんはゲイバー初デビューだったけど、カラオケを歌いまくり、なんとか盛り上がろうとしていたのが面白かったなあ。

仲村　桜坂はゲイの登竜門だね(笑)。

普久原　少女時代の振り付けまでこなして歌っている常連客がいてすごかったですね。女性客も数人いらっしゃいました。

普久原朝充氏と藤井氏はこのあと2人で夜のゲイバーに消えていった

藤井　店のスタッフはみんなイケメンだったなあ。

ニューパラダイス通りでコーヒーとうまい酒を飲む

仲村　今回は沖映通りからニューパラダイス通りも歩きましたが、ここの見物ならなんと言っても裏手にあるナイクブ古墓群★ですね。ここは野良猫の取材をしていたときに偶然見つけた場所で、地元の人の記憶から消えてしまった那覇きっての遺跡の一つです。

普久原　沖映通り沿いにあるジュンク堂那覇店前の駐輪場から月光荘の裏手に抜ける細い路地を歩くと右手側に見えてくるのがナイクブ古墓群です。ニューパラダイス通りに分断されてしまっていますが、その奥側にも広がっています。ナイクブ古墓群は、一九〇三年に刊行された「那覇区全図」に書かれた「奈利久保原」という地名から名前をつけたそうで、少なくとも一七世紀以降に墓域になった。これまで亀甲墓や破風墓など二〇〇余りを発見したとのことです。

仲村　隣の緑ヶ丘公園★側には、沖縄に中国式瓦の製造法を伝来した渡嘉敷三良《とかしきさんらー》や、朝鮮から招かれて焼き物の製造技術を伝えた張献功《ちょうけんこう》の墓がありますね。他にも、ナイクブ古墓群内には様々な石碑があります。

普久原　でもナイクブ古墓群は、緑が丘公園の拡張予定地になっています。僕は整備計画図を見てひどく落胆しました。残す予定の墓は二つほどでほとんどの墓が撤去予定なんです。多目的広場や遊具広場、トイレなどを設置するそうなのですが、既存の公園にある設備でも充分だと思うんですね。墓を活かしながら公園化した方が絶対に面白いですよ。予算上の都合か、制度的な壁でもあるのか、ひどく悩みます。

藤井　そんなに由緒ある史跡は工夫して残せばいいのになあと思うのだけど……。前に普久原くんに見せてもらった建築雑誌に載っていたタモリさんのインタビューを読んだら、彼は東京を江戸に戻せって言っていて面白かった。なぜ彼が東京の坂道に惹かれ、街歩きをしているのかがわかった気がします。戻すのは無理にしても、なるべく歴史ある風景や地形を壊さないようにしようじゃないかということだよね。

普久原　ナイクブ古墓群の面白さは街の中心地のすぐ裏に併存していることだけではありません。個ではなく群として存在することで他の場所にはない特徴を際立たせていますから、

ナイクブ古墓群。那覇の市街地のど真ん中に突如現れた巨大な古墓地の遺跡

珈琲屋台ひばり屋（当時）。その名の通り空き地を活用したコーヒーの「屋台」

墓を一つ二つ残した程度では、その空間性が失われてしまいます。せっかくの歴史遺産がありながら、どの地域にもあるような公園になってしまうんじゃないかという懸念がぬぐえないんです。

仲村　文化財的な価値に目を向けず、公園ばかりつくっている土地はある意味、要注意だね。歴史的な価値が語り継げなくなる。

藤井　さて、歩き疲れたらニューパラダイス通りの珈琲屋台ひばり屋（現在は移転）に寄ってコーヒーを飲みたいですね。夜はBar土★に寄り、主のごうさんと語らうのが楽しみでしたが、二〇一六年二月に亡くなってしまわれました。ですが、バーの建物はそのまま残され、名前を変えて再営業しているので、ぜひ行ってほしいですね。

普久原　珈琲屋台ひばり屋さんは空き地活用例としてもユニークですね。植栽に囲まれた庭のような空間を楽しみながら飲むコーヒーは格別でした。スージぐゎーに沿った敷地は、一度空き地になってしまうとそのままになってしまう土地が多いんです。建築基準法で四メートル以上の幅員《ふくいん》の道路に敷地が接していなければ原則として新しい建物が建てられません。また、土地と建物の所有者が違うことが多いのも要因です。とはいえ、空き地や空き家が放置されたままだと、不法投棄や火遊びによる火災のリスクなどで悩まされることが多いのです。でも、珈琲屋台ひばり屋さんの場合、立地特性のマイナスの部分をプラスに転換するような実践にもなっていて勉強になりましたね。

珈琲屋台ひばり屋さんは美栄橋付近に移転されるとのことなのですが、同じようなスタイルを続けられるらしいので、興味のある方は、ぜひ探しまわるのも楽しみのひとつにしてほしいですね。

仲村　沖縄は名店ほど路地裏にひきこもるというのが僕の持論ですが、ニューパラダイス通りはそういう店が多いですね。珈琲屋台ひばり屋もBar土も素人には見つけられない奥まった場所にありました。ところで、通りの名称の由来って、知ってました?

普久原　昔、通り沿いにそういう名前の店があったそうですね。

仲村　そう。米軍統治時代に「ニューパラダイス」というダンスホールがあって、この界隈はちょっと不良っぽい若者たちで賑わった時期があるんです。でも時代とともに見る影もなくすたれてしまい、おでん屋やスナックばかりになりましたが、それらの店もいまや壊滅状態です。

藤井　先ほど、特飲街のところでふれたけど、ジュンク堂の周囲はかつて十貫瀬という歓

ニューパラダイス通り。現在はおしゃれな雑貨店などが建ち並ぶ

楽街だった。戦後すぐは売買春地帯でスナックが密集して、私娼もたくさんいた。いまはほとんど壊されて駐車場になってしまったけど、ごく一部が残ってます。年配のタクシードライバーは地名を言えばすぐわかります。戦後の新聞を読むと、十貫瀬の娼婦たちを警察が取り締まろうとしていろいろな作戦をくり広げていたこともわかります。崇元寺《そうげんじ》通りにも娼婦が米兵のそでを引いていたそうです。

普久原　十貫瀬は長虹堤《ちょうこうてい》の跡でもあるんですよ。埋め立てが進む前の旧那覇は浮島だった（第2章で詳述）ので、崇元寺前から島に渡るための堤防と橋からなる道路が架かっていたんです。地名は離島からの旅人が岩陰で雨宿りしたときに置き忘れた十貫（昔のお金の単位）が、数年後に再び訪れたときもあったことに由来しているそうです。モノレール美栄橋駅の西側には十貫瀬橋もありますね。

仲村　ニューパラダイス通りは、いまは雑貨店、ブティック、カフェ、バーなどが次々と開業して様変わりしましたね。寂れたり、蘇生したり、また同じことをくり返したり……。

こんな小さな通りであっても、時代に翻弄されてきたことがよくわかります。

壺屋でゴロニャン

仲村　さて、那覇と言えば先ほどから何度も地名があがっている壺屋ははずせません。再開発をくり返す那覇はどこもかしこも旧観を失ってしまいましたが、壺屋だけはかろうじてかつての沖縄の風景を垣間見ることができます。壺屋は旧道が残っているのが実感できます。昔ながらの道は細くて曲がりくねっているのが特徴で、石塀も道に沿って曲線を描いています。

藤井　何か理由があるのですか?

仲村　台風が多い沖縄ならではの工夫です。条理で街を区画すると風は直進し、暴風が吹くと、つきあたりの家や塀は吹っ飛んでしまいます。そこで道をくねらせると風圧を削ぐことができます。また、旧家は植物のフクギで屋敷を囲んでいます。フクギの葉は分厚いので、風を切ってくれる。つまり、風圧を分散するんですね。

普久原　沖縄の伝統木造建築における暴風対策についても補足しましょうか。沖縄の木造建

壺屋の旧道。フクギの並木が屋敷を取り囲む

築は夏の容赦ない日差しが直接屋内に入らないようにするために庇《ひさし》を延ばす構成が多いのですが、一方では台風による下から吹き上げる力には弱いんです。ですから、瓦を漆喰で固めるなどして屋根を重くしたり、間柱に多くの貫を通して緊結することで、特定の柱だけに力が集中して浮き上がらないよう、力を分散させたりしています。軒先の出隅部《でずみぶ》も風の吹き上げに弱いらしくて、対策として垂木《たるき》を扇状に組むようにしています。これを扇垂木と言い、その仕上がり具合で腕のよさがわかると大工さんに教わったことがあります。

仲村　壺屋の街の発祥は一六八二年、日本史でいうと五代将軍、徳川綱吉の時代ですね。首里王府の命によって知花窯（沖縄市知花）、宝口窯（那覇市首里）、湧田窯（那覇市泉崎）の窯場から現在の壺屋に陶工を集めて窯場を統合したのが集落のはじまりとされています。壺屋焼で知られるやちむん通りには沖縄県指定文化財の登り窯、南《フェー》ヌ窯《カマ》★や、国指定重要文化財の新垣家・東《アガリ》ヌ窯《カマ》★がありますね。

藤井　そのやちむん通りに向かう途中の路地に個人宅だけど名陶芸家の島常《しまじょう》賀《が》さんのご自宅がありました。庭を覗かせてもらうとすばらしいの一言につきる巨大なシーサーなどが鎮座していて、沖縄のやちむん好きとしてはしばらく眺めていたくなります。でも、個人のお宅なので、じろじろ見ちゃいけません。島さんの息子さんも陶芸家（島常信）で、平和通りのつきあたりのやちむんショップで粉引きの彼の作品を販売していたことがあり、当時いくつも買いました。

仲村　そういう名作が無造作に置かれているというのが壺屋という街の凄味だね。野良猫も多いし、猫たちが街の風情にごく自然に溶け込んでいます。壺屋はゴロニャンが楽しめる街です。

普久原　仲村さん、強引に猫の話題に持っていこうとしてますね。ところで、壺屋やちむん通りからいしまち通りに入っていく道の途中に清正陶器★という建物があります。僕は、二〇〇五年に「アトリエＮＯＡ」という設計事務所主宰の本庄正之さんの下で清正陶器の設計・監理に携わりました。「壺屋に工房を建てて作陶したい」というのが陶工で施主の小橋川卓史さんの夢だったのですが、それが当時は法律上無理だったんです。

藤井　え？　壺屋なのに製陶工房が建てられなかったの？

普久原　建築基準法では、製陶工房は「工場」扱いになります。当時の壺屋一丁目の用途地

壺屋やちむん通り。やちむん焼きのお店が建ち並ぶ那覇の有名観光スポット

清正陶器。普久原氏が設計に関わった陶器の工房

域は「第二中高層住居専用地域」でしたから、製陶工房は建てられなかったんですよ。用途地域設定前から存在する製陶工房もありましたが、新築では陶芸教室ぐらいしか建築できませんでした。

仲村　戦後の那覇の復興は壺屋からはじまったのだけど、一九七〇年代には煙害問題で登り窯の使用も制限されて多くの陶工たちがこの地を離れたからね。後の人間国宝になる金城次郎さんも、その頃に読谷《よみたん》のやちむんの里★に移住するようになります。陶工が離れることで、壺屋の衰退を危惧する人は多かっただろうね。

普久原　そうです。小橋川卓史さんの父、清正さんももともとは壺屋に住み作陶されていたのですが、それができなくなって壺屋を離れていたんですね。既存の陶芸教室が問題になっていないことからもわかるようにガス窯や電気窯を使用する場合は、煙害の心配は少ないんです。ですから、説得用の資料を集めて建築許可制度を利用して建てました。住民公聴会では、もちろん煙害などが生じないよう望む声のある一方で、「なぜ壺屋に工房が建てられないのか」を問う地域住民の声もあって心強かったですね。そして、二〇一四年四月から壺屋一丁目は設置要件が緩和されて、ついに一定規模の製陶工房の建築が可能になったんです。地域の人々の協力とともに前例を積み上げた影響も大きかっただろうなと思いますね。

藤井　それはいい話だね。以前三人で、育陶園★（壺屋にある陶芸工房。体験教室なども行っている）の陶芸道場前の古民家が取り壊されるということを聞いて急いで見に行ったことがありましたよね。ランドマーク的なあのあたりの風景を決定づけるすばらしい家でしたが、持ち主さんが維持が難しいということで壊されてしまった。残念ですね。

仲村　壺屋も時代の波の影響で、跡継ぎの継承が困難になっているんだね。なので、陶工が絶えてしまうと、窯場のある貴重な旧家そのものが取り壊されて、マンションなどが建ってしまう。ある意味、壺屋もいまのうちかもしれません。

藤井　僕は沖縄のやちむんが好きで、壺屋のやちむん通りにはよく行きます。作家の新しい作品を見てまわるのも好きですが、国際通りの元三越があった場所の裏手にある骨董店陶楽★にもよく行きます。

陶楽の店内の様子。所狭しと骨董が並んでいる

僕は割れた陶器の破片や、割れた焼き物が好きなのですが、陶楽はそれがたくさんある。沖縄の骨董の割れた壺やお碗、あと、沖縄は琉球王国時代からアジア交易の場所なので、ベトナムや中国の骨董もあります。カオスのようなこの店にいるとかつての琉球の国際的な位置が陶器を通じて感じられます。

神社のスタンプラリー

藤井　僕の那覇の仕事場近くに安里八幡宮★があって、たまに散歩の途中に寄ったりするんですが、普久原くんは二〇一四年の元旦に一人で琉球八社（琉球王朝から特別な扱いを受けた八つの神社。金武宮・普天満宮・天久宮・波上宮・沖宮・安里八幡宮・識名宮・末吉宮）をすべてまわったんだよね？　車やバイクなら一日でスタンプラリーのようにまわれるもんなの？

普久原　違います（笑）。那覇市の神社を巡ったんです。那覇市内の神社だけに限定すると十数社あることがわかりました。琉球八社に限定すると金武《きん》町まで行かないといけないので大変ですが、那覇市内だけでも六社（波上宮・沖宮・識名宮・末吉宮・安里八幡宮・天久宮）ありますね。ネタとしてやってみるとけっこう面白かったですよ。こういう遊びでも思いつかない限り、市内にいくつの神社があるか探そうなんてしませんでした。神社ごとの参拝客の違いとか、活況の差がわかりますからね。たとえば那覇市の奥武山公園★内には護国神社、沖宮、世持神社と三社あるのですが、世持神社には参拝客がまったくいなくて寂しかったです。

藤井　市場調査かよ（笑）。僕はすべてをまわったことはないけど、末吉宮★が好きだなあ。ふだんからほとんど人はいないし、住宅地から一歩足を踏み入れると、異空間が広がる。

仲村　本土と異なって、沖縄は固有の信仰が土着化した島です。その核になっているのが、御嶽《うたき》に代表される自然信仰ですね。森、岩、崖、老木などが御嶽の信仰対象で、沖縄では古来、こうした自然に神が宿っていると考えられてきました。いわゆるアニミズムで、世界遺産に登録された斎場《せーふぁ》御嶽《うたき》★がその典型です。神々は樹木や崖を伝って降臨するというわけ。早い話が日本の原始神道と同じなんです。本土では仏教伝来によって原始神道はすたれていきますが、琉球では仏教を信仰したのは王家や士族で、庶民まで浸透しませんでした。なので、卑弥呼の時代の古い型の信仰がそのまま残り、これに呪術性の強い中国の道教が習合して独特の宗教土壌を築きあげたというわけです。

写真左は天久宮の拝殿。その脇の路地から階段を上った岩場の上には泊竜宮神が祀られている

天久宮の北側にある迷路アトラクション化した墓地群。遠くには泊大橋が見える

天久宮の一層目にある泊之ユイヤギ御嶽

普久原　もともと、那覇市内の神社を初詣ですべて巡ろうと思ったのも、仲村さんの『島猫と歩く那覇スージぐゎー』を読んで天久宮★に興味を持ったのがきっかけでした。ペリー提督上陸記念碑のある泊外人墓地★の脇道を抜けて沖縄県立泊高校の裏手側に出るとあるのですが、建築的にも面白い構成をしているんですね。なぜか岩場にある御嶽をコンクリート床で空間を上下に仕切り三層構成にしているんです。

一層目のピロティのような基壇下部の岩場下には「泊之ユイヤギ御嶽」、二層目に「天久宮社殿」、三層目の岩場の上に「泊竜宮神」が祀られています。岩場とコンクリート床に隙間が設けられていて、そこから射し込む光に御嶽が照らされていて印象的なんです。その天久宮の北側には迷路状の墓石群が巡っていますから、そこで迷子になるのも楽しい。

藤井　おいおい、墓地で迷子になってどうする（笑）。どこもふだんはほとんど人気がないせいか、あまり目立たないところにあるせいなのか、どこか人を寄せつけない雰囲気を感じてしまいます。友人の精神科医の名越康文さんを連れて歩いたら、ずっとゾクゾクするって言ってまして、ふだんはめったに酒を飲まない彼が、その日の夜は栄町でヤギ料理のまるまん★のヒージャー汁（ヤギ汁）からはじまり、六軒もはしごした。「感じやすい」人にはおすすめの街歩きコースです（笑）。

（後編に続く）

幕間

カラオケ

沖縄県民に承認を得るための「通過儀礼」

藤井　さて、我々のホームタウン那覇の栄町に戻ってまいりました。今日は焼き鳥のちぇ鶏★です。京都出身の崔泰龍さんが焼く焼き鳥はすばらしいし、キムチもうまい。あと、この店のシブい選曲がいい。いまは「逢わずに愛して」（前川清&クール・ファイブ）がかかってますが、僕の大好きな前川清さん。全力で歌うにはぴったりです。

普久原　藤井さん、世良公則さんの「あんたのバラード」以外にも持ち歌があったんですね。この前はあまりの藤井さんの歌の勢いにビックリしてグラスを落とした人もいましたよ（笑）。藤井さんの声量で「あんたのバラード」を聴くと、緩急の振れが大きくて初めて聞いた人は何事かと思いますからね。

藤井　だから翌日は、二日酔いと喉がやられて大変なんです。「あんたのバラード」のカラオケではマイクを使ったことはほとんどありませんから。声が出るからではなくて、初めて行った場で変な目で見られるためだけにやるんですけど。

普久原　藤井さんから「カラオケは自分のために歌うな」という写真家の荒木経惟《あらきのぶよし》さんの名言を伝え聞いたときは、妙に納得しましたね。

藤井　荒木さんとは二年以上、一緒に雑誌連載をやらせていただきましたから。大人の社会の粋なルールのようなものを暗にいろいろ教わりました。カラオケは笑っていただくためのものです。自分のために歌っちゃいけない。うまい歌はつまらない。だから、カラオケボックスで合コンしながら、自分の歌に酔いしれる若者とか僕には信じられないよ。あ、「純子」（小林旭）がかかりました。こういうのを全力で歌って、「あいつ恥ずかしいな」と笑ってもらえるのが重要なんですよ。そうですよね、仲村さん。

仲村　よくわかります。僕の持ち歌は「六甲おろし」と「河内のオッサンの唄」、以上です。歌で暗に出身地を知っていただくというメッセージを込めています。全力で歌って笑ってもらって、そんなことをやってしまった自分を後悔し、精神安定剤に手が伸びてしまうのが通例です（笑）。

荒木経惟氏仕込みのカラオケを披露する藤井氏。溢れるサービス精神、これぞ大人の社交術。もちろん画面など一瞥もしない

藤井　僕の場合は体育会系なので、場に年長者がいれば真っ先に歌いますね。ほとんどカラオケの画面を見ていない（笑）。

仲村　正しい姿勢ですね。みなさまに聞いていただくのに画面を見るなんて邪道です。

藤井　この前、三人で糸満のかつての漁港付近のスナック街跡に行ったけど、スナックばかりが十数軒横並びに入ったコンクリートブロックを積み上げたような建物は場末感がはんぱなかった。通称・糸満ゼロ番地ですね。

仲村　まさに番外地だね。

藤井　いまは道路ができて建物ごとなくなってしまいました。で、周囲の人に聞いたら、なんとその中の一軒が場所を変えて営業を続けているとわかった。スナックのサロンエデンです。ゼロ番地から歩いて数十メートルのところです。

糸満ゼロ番地。現在の風景にかつての風景を重ねてみる

仲村　時刻は真昼の一二時をまわった頃なのに、カラオケの声が外までもれてきていたからなあ。入るしかなかった（笑）。なんと営業は朝の八時からで地元の方々がすでにベロンベロンに酔っぱらっていました。閉店は夕方五時！　役所みたいな営業時間でした。

藤井　ママさんは「沖縄が本土復帰（一九七二年）してから、糸満に来ました」っておっしゃっていたから、四〇年近くいらっしゃるわけですよ。しかも糸満ゼロ番地は、ママさんが糸満に来たときにはすでにあったと言っていた。

普久原　地元の方々が言うには、民間業者が無許可で土地を埋め立てて建物を建てたため地番がなかったことから「ゼロ番地」と呼んでいたそうです。僕の調査によれば、一九七〇年のゼンリン地図にはすでに「ゼロ番地横丁」の名称があるんですよね。一九六四年頃の写真では、まだ延長埋め立て前で建物がなかったので、その間に建てられたと推察してます。北谷《ちゃたん》町砂辺にも通称「宮城ゼロ番地」と呼ばれた場所がしばらく前までありました。そこも無許可で埋め立てられたために係争処分で時間がかかったそうです。宮城ゼロ番地は一九六六年に埋め立てられたということなので、同時期の可能性もありますね。

藤井　普久原くんがそう話したら、ママさんが「そうですね。いまは、埋め立てられていますけど、建物の向かい側は海だったんですよ。そして、その反対側は自動車教習所でしたね」と。延長して埋め立てたときに、現在の場所に移動したみたいですね。当時の糸満ゼロ番地で営業されていたお店で、いまも続けられているのはこのエデンだけだった。もう、亡くなってしまった人もいるし、やめてしまった人もいるって。

仲村　一番賑わってた頃について質問したら、「本土復帰後に糸満ゼロ番地に来たときは、すごく賑わっていましたよ。本土からの客もたくさん来ましたね。南部戦跡巡りをしている慰霊ツアー中の人とか、本土のウミンチュ（漁師）も多かったですね」って言ってたね。遠洋漁業中の補給等で寄港したりしたんだろうね。

普久原　そういえば、エデンでは常連客っぽい人に絡まれましたね。すでにベロンベロンに酔っぱらっていた五〇〜六〇代とおぼしきふくよかな女性客でしたけれど、「あんたらヤマトンチュでしょ」って。カラオケをしつこくせがむので藤井さんが「十九の春」を熱唱するはめになりました（笑）。

藤井　やたらノリのいいおばちゃんだったなあ（笑）。

普久原　藤井さんの歌にかぶせて歌うおばちゃんを見かねて、ついには仲村さんまでマイクを持ってしまっていましたからね（笑）。

仲村　そこは歌わざるを得ない（笑）。

普久原　カラオケの後も、そのおばちゃんにやたらと絡まれて。藤井さんが「普久原くんの隣の席が空いてますよ」と誘導したかと思うと、仲村さんが「もっとくっついたら」とか言いはじめて、何か嫌な予感がすると思っていたら、おばちゃんが「チューしてあげようか」というふうにひどい展開になってしまった。

藤井　おぞましいほどにディープなチューだったたな。それにしてもエデンのお客さんたち、昼なのに、相当、酔っぱらってましたね。

仲村　客なのかな。ホステスなのかな。栄町のおばぁスナックにも、客なのか、ホステスなのかわからない人がよくいるから……。

おばちゃんにチューされる普久原氏。まだまだ修行が足りない

藤井　たしかに。それは、栄町にもいますね。

仲村　酔っぱらったチューおばちゃんが

寄って来たとき、隣が藤井さんでよかったとほんとに思ったね。僕の隣に座られたら、とても耐えられそうになかった。

普久原　僕が犠牲になりましたよ……。

仲村　それで僕は命びろいしたよ。でも「情婦《いろ》は年増につきる」と言うからね。いい体験をしたんじゃないの（笑）。

普久原　……とにかく、初めてのスナックに入ったとき受け入れられるためには、とりあえず歌うしかない、というのは真理ですね。もちろん選曲も大事ですが。

仲村　僕が移住した頃、沖縄社会に受け入れられるために何をしたか、というとカラオケなんです。

普久原　おっ、なんだか深い話になりそう。

藤井　仲村さんはご両親は沖縄出身ですけど、大阪生まれの大阪育ちですもんね。九六年に那覇に移住されたわけですが、カラオケでどうしたんです？

仲村　一発目はいわばツカミですから大事なんです。沖縄民謡を歌ってもダメなんだよね。

藤井　受け入れられようと沖縄民謡を歌う人は多いですよね。でも、県外から沖縄に来た人が沖縄民謡を歌ってもどこか空気がシラける傾向があると思う。

仲村　さっき言ったように「私は大阪からコレを持って来ました」というのがなくちゃいけない。いわばメッセージソングです。だから、「河内のオッサンの唄」から入る。マイクを渡されたら「おっ！　よーきたのーわれ！　あがってかんかい！」と。このセリフで、お客さんもお店の人もいっぱつでツカむ。そして「六甲おろし」でオトす。ツカミとオチ、これが僕のカラオケの流儀です。

普久原　前口上からしてやかましい（笑）。

ついにマイクを手に取った仲村氏。18番は「河内のオッサンの唄」

藤井　僕も最初は「いまから歌わせていただきますけど、みなさまのお耳汚しですみません」という口上を必ずはさみます。

普久原　仲村さん、そういえば昔はネーネーズの追っかけをやってたと言ってましたよね。

仲村　いや、あれはそのー、魔が指したんですよ。

藤井　黒歴史の一つだったんですね（笑）。仲村さんが「黄金の花はー♪」と歌ってた！

仲村　歌ってました（笑）。しかも方言バージョンで歌ってた。さらに遡って、「神田川」をウチナーグチバージョンで歌ってもいた。見苦しいほどに沖縄の人に受け入れられようとしていたんだね。

普久原　なぜそこで自己否定に傾いたんですか。いい話じゃないですか。

仲村　うーん、ちょっとディープな話をすると、僕のような「沖縄人二世」はヤマトにも沖縄にも無理して同化してはいけないんだよね。特定の民族や人種に帰属しなくていい価値を自分の中で押し広げることも大切。カラオケでそこに気づいたんです。音楽は特に情動を刺激しやすいから、リズムが刷り込まれていくと、その民族に近づいたように錯覚するんですね。

普久原　以前、仲村さんが僕に、『ちゅらさん』でメジャーになる前の沖縄移住の通過儀礼の話をしてくれましたよね。居酒屋で飲んでいると「腐れナイチャー（内地人）」とか言われて絡まれるという話。僕は絡み癖のある方は苦手なのですぐ避けますね……。

藤井　僕も近い体験はあります。

仲村　「お前は沖縄戦や沖縄問題を知ってるのか?」と問い詰められたりしてね。昔は二世ですらそうだった。その頃は当たり前だと思ってたけど。

藤井　いまになって思うのは、あれも一種の洗礼みたいなもんで（笑）。「沖縄のことをもっと勉強しなさい」と怒られて、最後に「イチャリバチョーデー（一度会ったら皆兄弟）」って感じになるんだよ。

仲村　「ヤギ食いに行こうか……」とか言われてね。

藤井　そこで逆に心を鷲摑みにされちゃう。「沖縄ってやっぱりいいなー」って。

普久原　散々自分語りをさせて「お前はわかってない!」と痛めつけた後に、承認するパターン。それ、自己啓発セミナーと同じ手口じゃないですか（笑）。

藤井　映画監督の中江裕司さんも琉球大学に一九八〇年に入学したとき、「腐れナイチャー」とののしられたらしいですね。彼はまったく酒が飲めない体質でとうぜん泡盛も飲めない。シラフでよく罵倒に耐えたなー。

仲村　「泡盛が飲めないで何が沖縄人か!」という人、けっこういますよね。泡盛が踏み絵なんですよ。僕は「ヤギ汁が食えないで何が二世か！」とよく言われたね。中江さんが偉いのは、それでもめげずに地元の人に食らいついていてコミュニケーションを重ねていく姿勢です。そういう体験をした中江さんが「最近は腐れナイチャーと言いきれるような骨のあるウチナーンチュがいなくなった」と嘆いていましたよ。

普久原　それが「骨のあるウチナーンチュ」像なんですか。僕はあまり目標にしたくないなぁ。

仲村　いや、そのぐらい沖縄の心を大事にしてきたという彼なりの比喩なんだと思いますよ。

藤井　僕が初めて沖縄に来たとき、「腐れナイチャー」とまでは言われなかったけど、似たようなことは言われました。それと同じ感覚は友人と初めて韓国に行ったときの居酒屋でもあった。一九九〇年前後のことです。通訳をしてくれた地元の大学生と日本語で話してると皿が飛んできたりした。

普久原　日本語を聞くことが、怒りの感情に直結しちゃってるんでしょうね。

藤井　そういう場面では、相手が感情的になるような歴史的背景を内面化してるんだなと思うようにしてます。まったくいわれなき罵倒ならゆるせないけど。

普久原　うーん、なんだか地域別の寛容度指数として表現できそうな話ですね（笑）。

仲村　そうして日韓関係が厳しくなると指数も厳しくなる。沖縄も基地問題がぎくしゃくすると、とたんにナイチャーの評価が厳しくなる。

普久原　なるほど地域の寛容度指数は政治が大きく関与しているわけか。

藤井　そう。勉強になるなぁ。

第2章　那覇編　後編

旧那覇にアースダイブ！幻想の古都を追う

ゲスト：新城和博（ボーダーインク）

街歩きルート

西
三重城

東町
旧仮屋前通り
旧親見世
旧大門前通り

辻
旧辻遊廓
波之上

若狭

「旧那覇」というのは、ここでは主に那覇市中部の北西にある「西」「東町」「久米」「松山」「若狭」「辻」などの一帯を指しています。かつての那覇は港町として交易で栄えていたため、港付近が中心街でした。沖縄戦の災禍を経た戦後に、国際通り付近が復興の中心となったこともあり、かつての中心街はいまや「旧那覇」と呼ばれることもあります。この旧那覇を散策すると、王朝時代の、そして戦前の那覇の歴史を垣間見ることができます。那覇についてもっと知りたいという人は、古地図や案内板をたよりに旧那覇をぶらぶらしてみるのもいいでしょう。

昔の那覇は浮島だった⁉

藤井　今日は沖縄の出版社「ボーダーインク」編集長で『ぼくの〈那覇まち〉放浪記』（ボーダーインク）の著者、新城和博さんに案内してもらいながら、旧那覇界隈を街歩きします。

仲村　このあたりは戦前の官庁街だったらしいですね。

新城　そうですね、役所もあるけど芝居小屋もあるし市場もある。旧那覇界隈は基本的に古地図を使って、昔の那覇の姿を想像しながら歩くのがいいです。最初は、三重城《ミーグシク》★という場所にいきます。「ミー」というのは「新しい」という意味で、方言の音に合う漢字を後から当てているんですね。三重城も美栄橋も、「新しい城」「新しい橋」という意味になります。旧那覇の端に位置していて堤防のようになっていました。い

那覇随一の街歩きマニア、ボーダーインクの新城さん（写真左）

つ頃できたのかはわからないけど、一六世紀頃にはあったようですよ。

藤井　三重城の場所は知らなかった。ロワジールホテル★のすぐ裏手ですね。あそこだとほとんど気づかれないだろうなあ。そもそもホテルのまわりに倉庫が多くて閑散とした雰囲気だから。三重城はいまも石垣が残っている部分があったのには驚きでした。

新城　現在はロワジールホテルの裏手になっているけれど、明治期までは周辺は海で、いくつかの橋を渡ってこの場所に来るようになっていました。古地図といまの地図を重ねるとわかるんだけど、この周囲のほ

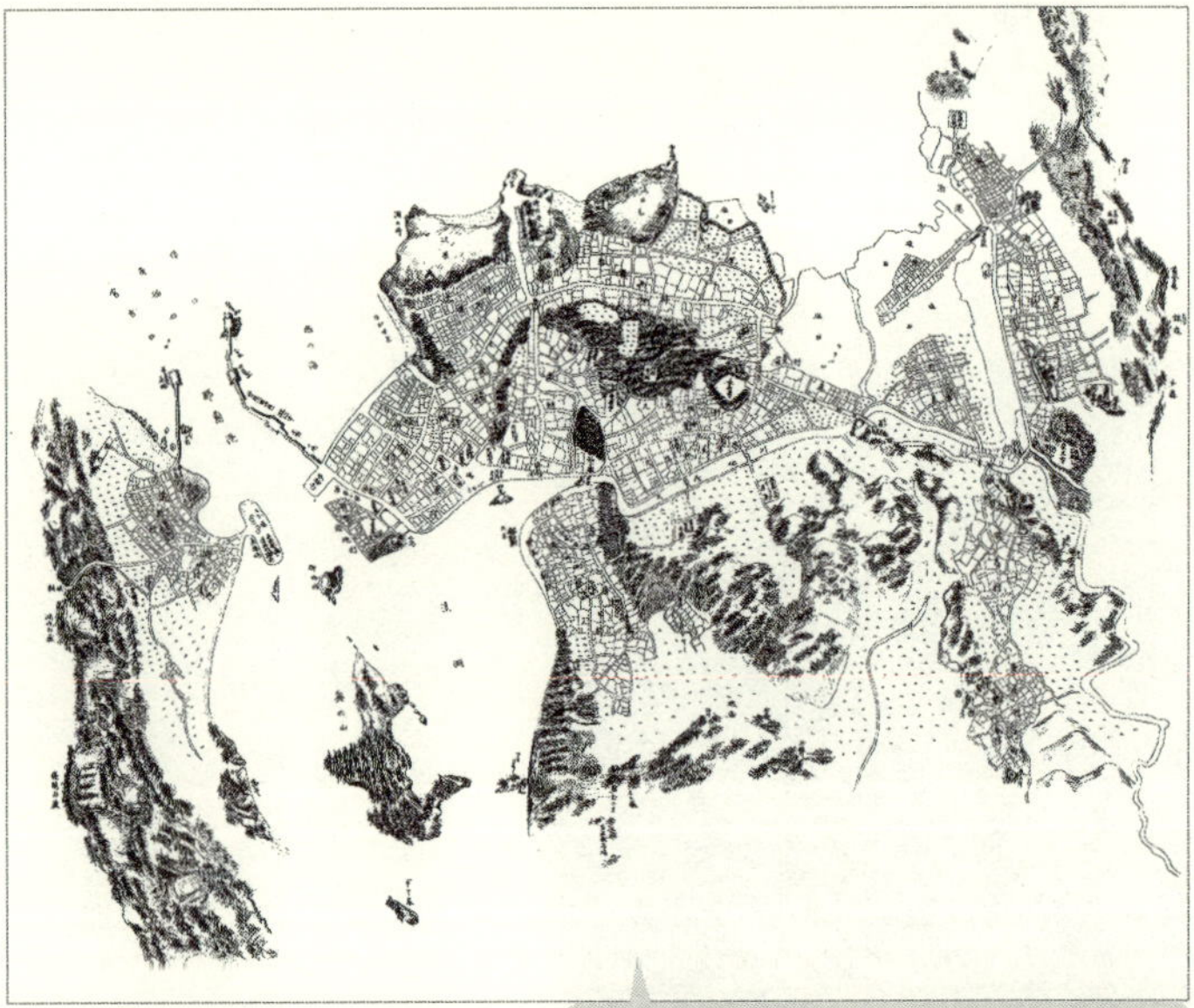

嘉手納宗徳「那覇読史地図」
古地図を見ると旧那覇が海に浮かぶ島々の連なりであることがわかる。地図左の２つの堤防の右側が三重城（宮城栄昌・高宮広衛編『沖縄歴史地図・歴史編』〔柏書房〕より）

戦前の三重城の様子。まわり一体が海だった(『旅の家土産』より)

現在の三重城。奥の方に拝所が見える

とんどが埋め立てられた場所ですね。堤防の先端に城が築かれていて旧那覇の海からの玄関口になっていました。外敵に対処する守りの拠点とする意味合いもあったので大砲も備えられていたようです。

仲村　薩摩藩の琉球侵略（一六〇九年）のときも効果を発揮したと言われていますね。

藤井　軍事衝突の多い場所だったんですか。

新城　もともとは倭寇対策だったみたいですよ。那覇は交易で栄えた港で、一四〜一五世紀の三山時代（三国分立の時代。南山、中山、北山の三つの王統が並立していた）を制した中山もこの場所を押さえることで沖縄全体を支配するほどの力を持ったみたい。那覇という「球」のような価値のある存在を手にした沖縄島の覇者が「琉球」という龍となった……なんて妄想して楽しんでます。

琉球の王家の第二尚氏の始祖になった金丸も、もともと御物城《おものぐすく》という那覇の蔵を管理する貿易の長官役に就いていた人だった。

藤井　なるほど。龍が球を抱えているモチーフが中国にもたくさんありますね。

新城　もともと「浮島」とも呼ばれていたように、埋め立てがなされる以前の旧那覇というのは島だったんです。そこが琉球王府時代から戦後に到るまでの間に、だんだんと埋め立てられてきた。

旧那覇の街歩きはそういう風景を想像しながら歩くと面白いんです。旧暦の「一月一六日」は「ジュールクニチー」と言って、いわゆる「あの世の正月」で、周辺離島や宮古、八重山ではとても大きな行事です。それで、本島に住んでいて離島に帰れない（離島出身の）人が、三重城に来て拝む慣習があります。「オトーシ（遥拝）」ですね。

仲村　実は三重城は僕のウォーキングコースでよく足を運ぶ場所なんです。ここは、お供え物が多いので、それを目当てにした野良猫も多いんです。僕のような野良猫ウオッチャーにとっては素通り厳禁スポットです（笑）。

藤井　さらに裏側に下りるような階段とかがあって、岩場の陰にも拝所がありました。

新城　那覇で岩場の残っているところは、琉球王朝時代から残っているものと考えてもらってほぼ間違いないですよ。

普久原　三重城内に拝所が数ヶ所あって、御願に訪れる人がいまでも多いですよね。

仲村　ユタが拝んでいる姿もよく見かけます。

藤井　僕らが行ったときも拝んでいる女性がいましたが、ここはすぐ横の巨大ホテルの華やかさから隔離された、どこか忘れられたような空間ですね。僕が待ち合わせ場所のホテル前に行ったとき、結婚披露宴の流れだと思うんだけど、着飾った若者たちが何十人もいた。その光景と、たった一人きりで無心に拝んでいる女性とのギャップが印象的だった。拝みに来る方々にとっては、「生きている」場所なんですね。

「旧那覇の丸の内」東町の幻想を追う

新城　ちなみに、三重城の北側の陸地のほとんどが埋め立てです。かつての遊廓だった辻町の西端にあった長浜という海岸線と三重城までの間の海を「西の海」と呼んでいました。この三重城から埋立地側を見ていると、だんだんと昔の風景が見えてきます。

藤井　古地図を見てみると、かつて沖縄で最も格式の高いと言われた歴史ある料亭で、いまはすっかり廃墟になってしまっている料亭左馬★のあった場所近くに戦前は屠畜場があったんですね。ここで、処理された豚肉はどこへ運ばれて、どう消費されたんですか？

新城　普通に市場ですよ。東町市場内にも肉市《ししまち》がありました。他にも当時の若狭では琉球漆器が製作されていました。

藤井　当時は東町市場というものがあったんですね。そこも埋立地だったんですか?

新城　琉球王朝成立以前の浮島の頃だと、おそらく東町市場の場所までがもともとの海岸だったろうと思います。だから市場を形成したんじゃないかな。旧那覇の骨格となる場所でしたが、一九四四年の大空襲（十・十空襲）で焼失しています。

仲村　空襲で行政機関なども焼失し、戦中をまたいで、戦後復興は壺屋や神里原からはじまったというわけか。最初に歩いた壺屋・牧志地区とこれでつながりましたね。

藤井　港からも近いので豊かな食材や交易品で溢れていたんでしょうね。いまも西町周辺に倉庫が多いのは歴史的な意味合いがあるのかな。

新城　そこは明治以後の埋め立てで戦前からの倉庫街です。いにしえの那覇だと「上之蔵」という場所にも、本当に蔵があったらしいですよ。地名だけが残ったみたい。昔はもっと高低差があったみたいです。

仲村　なるほど、それでこのあたり一帯に行政機関や金融機関が並んでいたわけですね。いわば旧那覇の「丸の内」ですね。

普久原　真教寺前の交差点から一本隣の街路に「辻町一丁目一番」の看板がありましたね。

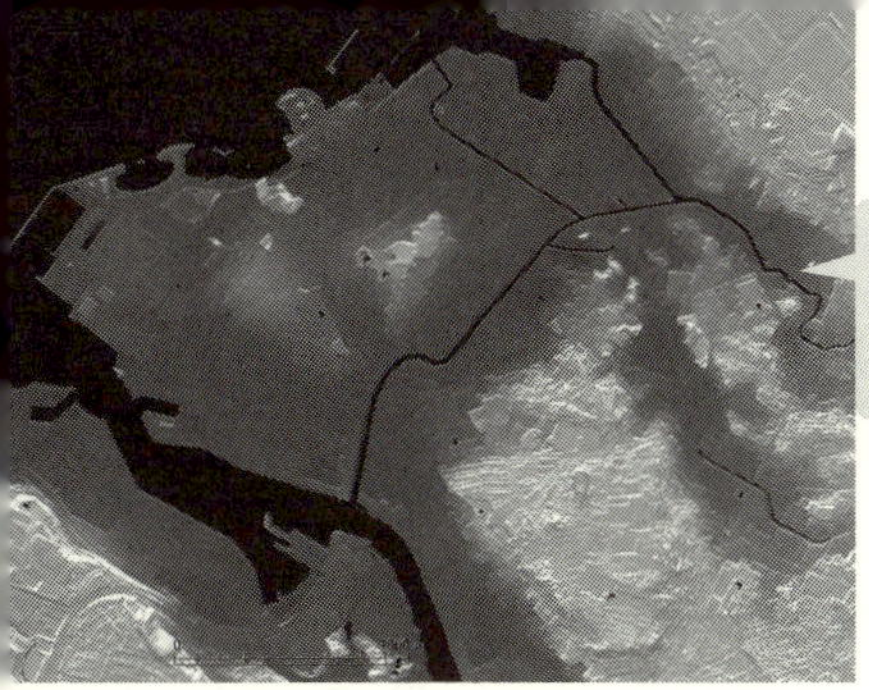

白く浮き出ているのが埋め立てられる前の太古の那覇の地形（国土地理院「基盤地図情報〔数値標高モデル〕」に基づき作成）

新城　古地図上ではおそらく長浜に沿った崖状の部分だったと思います。地図を見ると真教寺横の通りを境にして辻町側へと地面に勾配がついているのがわかるでしょ？

仲村　「辻」というのは、道の交わるところという意味ではなくて、「山の頂」という意味らしいですね。

普久原　ということは、地名の中に地形を示す意味合いが含まれていたということですね。戦後、米兵がブルドーザーで均《なら》してしまっていますけど、当時は高低差もより明確だったんでしょうね。

仲村　途中の西町の住宅地内に「沖縄学の父」とも言われる民俗学者の伊波普猷《いはふゆう》生家跡地★の案内板がありましたね。

普久原　西村の人口が増えて西町となり、西の海を埋め立てて西新町とした折に、それまでの西町を西本町と称したようですね。現在は「西」という字名になっている地域です。

新城　市場の中心は東町で、役所の中心は西町、その境界が近代的な商業地と化していったという流れですね。明治以降は「寄留商人」と呼ばれた大和系の商人も参入してきたから……。

藤井　戦前の道路と戦後の道路はまったく変わっちゃっていて、当時をイメージするのが難しいですね。

新城　そうですね。当初は僕も苦労しました。東町交差点の南北の通り付近は、琉球王朝時代に一番品のよい通りとされていた仮屋前通りがあった場所です。かつては薩摩藩役人の琉球における役所である在番奉行所がありました。

普久原　那覇市の設置した「薩摩藩在番奉行所跡★」の案内板には「一六〇九年の島津侵攻後、薩摩藩が出先機関として一六二八年に設置した。以来一八七二年までの二五〇年間、薩摩藩による琉球支配の拠点となった。在番奉行や附役《つけやく》など約二〇人が常勤し、薩琉間の公務の処理や貿易の管理にあたった」とありますね。その後、旧県庁（十・十空襲で焼失）になっています。戦前の県知事は、中央から派遣されてくる方式で、現在のように皆で選挙などを通して決める方式ではないことを考えても、沖縄の政治に影響力を行使する拠点だったということでしょうか。

新城　この仮屋前通りは、役所前の公的でキレイな場所だから一般庶民はこの通りを利用せず平行して隣にある道を歩いていた。仮屋前通りを北に進んだあたりに位置していた地域

写真左がかつて存在した沖縄初の百貨店山形屋（那覇市歴史博物館提供）

が親見世《おやみせ》です★。王府が海外貿易で得た貨物を販売する「御店《おみせ》」の意味からきた呼び名のようですね。後に昭和に入ってから空襲を受けるまでは沖縄初の百貨店である山形屋が建っていました。

藤井　いまはどちらかというと寂しい一帯にかつていろいろな人々が海を渡ってきて商売をしたり、暮らしていたということがわかります。そういう知識を持って街歩きをすると楽しいですね。ブラタモリ的な妄想力が必要だ。

新城　まさにそうです。

藤井　こうしてみると旧那覇の政治と経済の中心は、ほぼ両隣ぐらいの間隔で建っていたことがわかりますね。東町市場も遠くありませんし、旧那覇の中心部はすごくコンパクトな印象を受けます。西町や東町の至るところに史跡・旧跡の案内板があってそれを見ながら歩くのも楽しいと思うのだけれど、旧那覇の街歩きコースとか、行政がつくっているのかな。

普久原　那覇市歴史博物館★で配布されている『那覇市史跡・旧跡ガイドマップ』というパンフレットやウェブページを見れば案内板が設置されている場所がわかるようになっています。案内人のついたコースを歩きたいのであれば「地元ガイドと歩く那覇まちまーい」という一般社団法人のまち歩きガイドもあるので、それに参加するのが手軽かもしれません。

藤井　親見世からすぐ近くの東町郵便局の隣が天使館跡★なんですね。

普久原　天使館は中国から派遣されてくる冊封使（中国の皇帝が従属国に派遣する使節のこと）が宿泊するための施設ですね。その後、近代建築家の武田五一の設計による旧那覇市庁舎が建っていました。

藤井　当時の庁舎はコロニアル様式で味わい深いね。写真を見ていると、いまの那覇とはぜんぜん雰囲気が違うなあ。

新城　旧那覇市庁舎の面している大門前通《うふじょうめえ》りは那覇随一の繁華街だったメインストリートで、山形屋に次ぐ二番目の百貨店として円山《まるやま》号《ごう》百貨店も建っていました。当時の沖縄の百貨店初の鉄筋コンクリート造り三階建てで、戦後も半壊した建物を修繕して「庁舎ビル」として使われていました。

普久原　庁舎ビルは一九六六年九月に解体されたようなので、十・十空襲を受けた建物にしてはかなり残っていた上に戦後史の拠点にもなったビルですね。

現在、琉球サンロイヤルホテル★が建っているところが円山号百貨店の跡地なんですね。

……あれ？　そういえば、辻町からこのホテルの向かい側に移転したステーツサイズという

当時の旧那覇市庁舎の様子。いまは建物は消失している（那覇市歴史博物館提供）

Aサインレストラン（復帰前の沖縄で米軍公認の営業許可証を持っていた店）があったはずなのですが……。

新城　あれは、しばらく前に建物ごと除却されてなくなったよ。

普久原　ええ!?　以前、そこのジュークボックスにしか置いていないレコードを探して僕も訪ねたことがあったのですが……。六〇年代末に、あるカナダ人アーティストが波之上に訪れたときの思い出を歌ったという「ROAD TO NAMINOUE」という曲が納められたレコードだったんです。占領統治時代の波之上は楽曲のタイトルになるほど米兵・軍属で賑わっていました。そういう戦後史を象徴した貴重なレコードでした。

藤井　たしか、当時の波之上の特飲街のステージでも歌われていた流行曲だったんだよね。外国人には「ナミノウエ」の発音が難しくてレコード盤の文字が「ROAD TO NAMANUI」になっていたんだっけ?

普久原　そうです。「やちむん」というバンドの奈須重樹さんと映画監督の當間《とうま》早志《はやし》さんがレコードを探す短編ドキュメンタリー『ROAD TO NAMANUI』がYouTubeでも公開されています。その後、作者がロニー・フレイという人物だということが判明したんですが、原題はなんと「ROAD TO NOMINEWEE」だったそうです。

藤井　タイトルがわけわからなくなってきた（笑）。

仲村　補足すると地元では波之上のことを「ナンミン」と呼んでいました。

普久原　ちなみに、ステーツサイズにあったレコードは海賊版だったというオチでした。

藤井　ますますわけがわからない（笑）。

ロード・トゥ・ナミノウエの昔といま

藤井　さて、新城さんには西町と東町を中心に案内してもらいましたが、普久原くんから「ROAD TO NAMINOUE」の話を聞いて波之上のことをすっかり忘れていたことに気づきました。いまはラブホテルやソープ街になっている場所ですが、復帰前までは特飲街として料亭やAサインバーが建ち並び、戦前は辻遊廓としてその名を馳せた場所です。

仲村　いまでも料亭那覇★は健在ですし、ステーキハウスも数店残っていますね。先ほどのレコードの話にあったステーツサイズレストランももともとこの場所にありました。辻の遊女

現在の辻の様子。ラブホテル街となっている

当時の辻遊廓。現在のラブホテル街はこの「伝統」を継承している？（那覇市歴史博物館提供）

辻遊廓の商売繁盛を祈願した尾類馬祭り

上原栄子『新篇 辻の花』（時事通信社）

「尾類《じゅり》」だった頃から戦後の料亭再建までの半生を綴った上原栄子さんの『辻の華』（時事通信社）の舞台となった場所でもあります。旧暦の廿日正月《はちかそーがち》には尾類馬祭りの行事もありますね。

藤井　上原栄子さんはヴァーン・スナイダーの小説『八月十五夜の茶屋』（彩流社）のモデルにもなった人ですね。その後、ジョン・パトリック脚本のブロードウェイミュージカルで成功を収め、映画化までされます。なんと、京マチ子さんが芸者ロータス・ブロッサムを演じ、マーロン・ブランドが沖縄人の通訳を演じているという珍しい作品です。

普久原　戦後、上原栄子さんが再建した料亭松乃下★は、現在老人福祉施設になっていましたね。戦後一九五一年までこの一帯は米軍に接収されていて土地区画整理でそのほとんどが重機で均されることが決まっていました。隣にある辻御嶽★を残したかった上原栄子さんは、琉球列島米国民政府（本土復帰前まで沖縄にあったアメリカの統治機構）内部の支援者の助けも借りて土地解放後いち早く松乃下を建築されました。だから、辻御嶽周辺の地形が戦前の地形ということになりますね。他に地形として残っているのは辻の外れにある公園・三文殊《さんもうじ》★ぐらいでしょうか。

仲村　それと波上宮★だね。戦前の沖縄観光のスケジュールは、那覇港に着いた後まず波上宮に参拝することからはじまっていたからね。

藤井　波上宮の崖下には那覇市唯一の市民ビーチ・波之上ビーチ★があります。時折、ここに涼みに来ることがありますが気持ちがいいですよね。戦前からの海水浴場だったらしくて、那覇市歴史博物館にも波上宮の崖下で大勢の子どもが泳いでいる古い写真がありました。普久原くんがだいぶこの場所のことを調べてたよね。以前はプールもあったんだっけ？

普久原　そうです。潮の干満を利用した海水プールなんですね。

三文殊の高台より崖下はかつては海だった

手前が波之上の市民ビーチ。写真奥が波上宮。かつての那覇の地形がぽっかり残っている

山田實氏撮影による当時の波之上プールの様子（山田實『こどもたちのオキナワ』〔池宮商会〕より）

満潮のときに水を溜めて栓をするので干潮でも泳げるというシンプルな構造です。一九一八年生まれの写真家の山田實さんに話を伺ったら覚えていらっしゃって、一九三〇年前後にできたという証言でした。それ以前の水泳大会は、埋め立てで狭い水路状になっていた三重城近くの中の海を伝馬船を並べて仕切ることで仮設競技場をつくっていたということでした。

戦後、空襲で破壊されたプールを有志が集まって再建したんです。エアコンなどのない当時は、涼むことのできる場所は限られていますからね。特に、一九五〇年代は子どもで溢れていたようです。波之上の沖合には沖縄戦のときの沈没船がしばらくあったので、泳ぎ慣れた子どもはそこから飛び込んで遊んでいたそうです。プールの方は、低学年や初級者向けになっていたようですね。山田實さんがその頃の姿を『こどもたちのオキナワ　1955−1965』（池宮商会）という写真集におさめています。

藤井　近くには特飲街もあったわけだし、米兵も涼みに来てたんだろうか。

普久原　当時はちょっとした行楽地だったので、波之上や旭ヶ丘公園★の岩場下には木造の売店が建ち並んでいました。コーラやカキ氷を売ったり、浮き輪の貸し出し、貸しボート業などをしていたようです。女性連れの米兵も訪れてボートを利用していたようですね。波上宮の崖周辺や、モーターボートで那覇港まで周遊するコースもあったみたいですよ。

仲村　そういえば、波之上ビーチにも水上店舗があったらしいね。最後は火事で焼失してしまったという話だけど。沖縄で水上店舗というと、通常は牧志公設市場前の建物を思い浮かべるんだけど、波之上も有名だったんでしょ。

普久原　まさに、その波之上水上店舗について、ちょっとしたご縁でそこに住まいながら営業されていた方に取材したことがあって、波之上プールについて調べたのはその「ついで」です（笑）。

仲村　さすが建築マニア（笑）。

藤井　いつも資料検索用のｉＰａｄを手放さない男だけはある（笑）。

普久原　一九五〇年代からプール周辺にはボートハウスが建ち並んでいました。証言によると、もともとはビーチ側の店舗兼住宅で営業されていたそうなのですが、皆、競うように海

現在は火事で焼失してしまった波之上水上店舗（『大琉球写真帖』〔大琉球写真帖刊行委員会〕より）

愛用のiPadで仲村氏にウンチクをたれる普久原氏

上に建てはじめたんです。

藤井　どうして海上に建てることになったの？

普久原　それまでは海難事故防止のために木造骨組みの見張り小屋が海上にあったんです。ある日、そこの管理人がジュースを売ったり貸しボートをしたりと、見張りのついでに営業をはじめたそうなんですね。海上の売店が飛ぶように売れる様を見てビーチ側の店舗の人たちも「これは負けていられない」とボートハウスを建設するようになったということでした。

仲村　短絡的だけど実に面白いね。

普久原　どうやら干潮時に岩場に穴を掘って丸太を立てて、モルタルで基礎部分を固めたようです。家族総出の建設作業で、それを見ていた米兵が面白がって手伝ってくれたと話していました。ちゃんと、電気も上水も電話線も引いているんですね。ドラム缶を利用して汲み取り式のトイレを設置している建物もありました。何度か増改築して店舗面積を拡大しているので、干潮時に柱の設置ができる位置、つまり、リーフのある最終ラインまで店舗が延びていました。

仲村　当時の人は本当にバイタリティあるね（笑）。ちょっといまだと考えられないなあ。

藤井　『昭和の沖縄』（ニライ社）という本を読むと奥武山の公式プール★ができた一九六七年頃には波之上プールは使われなくなりはじめたみたいだね。「那覇市は昭和三三年、三四万円（B円）を投じて波上プールの大修理を行ったが、安謝《あじゃ》のちり捨て場からのごみや、プール前に貸しボート屋ができたことで、そこの便所からの汚水が海水とともに流れ込み、衛生状態が非常に悪くなっていった。そのため、市民に敬遠されるようになり、奥武山に公認プール（五〇メートル）ができた（昭和四二年）ため必要性は非常に薄れ、沖縄水泳界の〝発祥の地〟波上プールは消えてしまった」とある。B円というのは米軍統治下の沖縄で使われていた米軍発行の通貨のことです。

普久原　その頃から、波之上水上店舗は大人の盛り場になるんです。特飲街から米兵やヤクザが流れてくる場所になりました。ビールやつまみを買って夜遅くまで飲み歩いていたそうです。とにかく酒が売れて儲かったという話でしたが、一方では、みかじめ料を請求されたり、断ると営業妨害されるなどのトラブルもあったそうです。不良中高生の溜まり場にもなっていたので、家出少女などを見かねて諭したこともあったそうです。さらには、麻薬取引の現場にもなっていたことがあり、刑事の張り込みに協力したという話も伺いましたね。後日、新聞（一九七二年一月二五日付沖縄タイムス）を調べたら実際にあった話だということがわかりました。
「二四日午後九時三〇分。波上神宮から北方、若狭方面へむけて海岸線にへばりつくようにしてつっ建っている水上店舗の群れ。その中の一件《ママ》にパラパラッと捜査員たちがなだれこんだ。CIDとその通訳官、そして那覇署の麻薬取り締まり刑事総勢一三人。その店舗『A貸しボート』には経営者のAを中心に外人ヒッピーをふくむ五人の男たちがゴロ寝していた。捜査令状を見せる捜査員。寝ているところをたたき起こされた男たちははじめ『麻薬?そういうのは知らないね。何かの間違いではないか』ととぼけていた。しかし男らの寝ていた部屋から次々とヘロインやLSDが発見されると観念したように押し黙りキビキビと動く捜査員たちをあぜんとみつめていた」と書かれています。

仲村　ほのぼのとした行楽地の話だったのに、だんだん、デンジャラスな話になってきたね（笑）。

普久原　本土復帰前後の過渡期という時代背景もありますからね。旭ヶ丘公園の整備がおこなわれる前までは、現在の対馬丸記念館★から波之上ビーチにかけてバラック小屋の密集住宅地がありました。宮古島出身の方が多いということで「宮古部落」と呼ばれていたそうです。沖縄には被差別部落がないので部落という呼称には通常、差別的意図はないのですが、この場合はそうとも言えない揶揄や侮蔑が含まれていたんじゃないかと思ってしまいますね。僕が話を伺った方は、小禄《おろく》出身でしたが、他の水上店舗の方は離島出身が多かったみたいです。波之上水上店舗の経営者の中には、この密集住宅地に住んでいた人もいたんですよ。

仲村　水上店舗が火事で焼失するのはいつ頃なの？

普久原　実は、水上店舗の火災は二度起きているんです。一九七二年一二月一一日と一九八〇年一月二二日ですね。最後の火災は八軒すべてに燃え広がり、一人亡くなられていますから、那覇市消防本部に確認したら記録が残っていました。高床式なので、下から新鮮な空気が入りこみやすく燃え広がりやすいそうです。要はキャンプファイヤーみたいなつくりになっているとのことでした。僕の取材した方は、ビーチ側にあった売店の火災がきっかけで水上店舗で暮らすようになったので、三度火災に遭われています。

藤井　大変だなぁ……。よく無事だったね。

普久原　本当に苦労されたようでしたよ。その方、台風のときも、ボートハウスで過ごしたことがあったらしいんですよ。建物が揺れる上に床下の隙間から風が吹き上げてきたそうですから。

藤井　さすがに危険だって（笑）。

普久原　その後、焼け跡は撤去されて、旭ヶ丘公園整備とともに現在のビーチとして整備されています。沖縄の「水上生活者」の歴史の一断面という感じです。日本本土でも昭和の束京オリンピック頃まで多かったみたいですね。

仲村　宮本輝の『泥の河』（新潮文庫）とかが有名だね。小栗康平監督によって映画化もされている。

普久原　『泥の河』の主人公・信雄の友人で水上生活をしている喜一の亡くなった父親も艀《はしけ》の船員でしたね。僕は石井昭示さんの『水上学校の昭和史』（隅田川文庫）で知りました。明治の日清・日露戦争頃から海運輸送量が増えはじめて、大型船は入港できないので艀舟に荷物を小分けにして運ぶようになっていたそうです。艀ごとに荷物の管理をする人が常駐しているのですが積荷と荷卸にかなりの時間を要したので、そのまま家族ごと艀舟内で生活するようになったということでした。コンテナ輸送が一般化することで港に直接資材搬入できるようになりましたから、艀舟での水上生活者が減りました。インフラの影響力の大きさを感じましたね。

宮本輝『螢川・泥の河』（新潮文庫）

藤井　沖縄には艀舟での水上生活者はいた

のかな？

普久原　取り扱っている物流量の違いもありますよね。文献が見当たらないので、おそらくいなかったのではないかと……。

藤井　ところで、現在波之上ビーチから北側に伸びる若狭海浜公園★からは若狭バース★に寄港する豪華客船や那覇大橋が見渡せますね。

仲村　この若狭海浜公園周辺は僕のウォーキングのゴールデンコースなんです。だから顔馴染みもたくさんいます。

普久原　仲村さんがウォーキングしていると様々な人に声を掛けられそうですね。

仲村　たとえば、あのニセ向田さんの格好をした猫は「若狭」って呼んでます。

藤井　なんだ、猫の話ですか（笑）。

普久原　もはや単なる猫オジサンと化してますね。あ、仲村さん、猫がいますよ！

仲村　おっ、ゴロニャン♪

第3章　普天間編　前編

街歩きは地下を往け！「子宮の歩き方」教えます？

街歩きルート

嘉数高台公園

真栄原

真栄原新町
ブックスじのん

普天満宮

普天満宮社殿
普天満宮洞穴

沖縄といえば、まずは「青い空、美しい海」というイメージが頭に浮かびます。そして、次に浮かぶのは「基地の島」というイメージかもしれません。世界一危険な基地・普天間飛行場は、沖縄本島中南部の宜野湾市にあります。この章では、まず基地を見下ろせるスポットを探すところから、街歩きをはじめます。しかし、遠くから眺めるだけでは、「基地の街」の本当のリアリティを感じることはできません。その後は、街の経済を担ったかつての歓楽街や、地域の信仰の中心となった場所にも足を運んでみましょう。きっと普天間の姿が立体的に見えてくるはずです。

普天間飛行場の絶景ポイントはどこか

藤井　普天間基地を見学するスポットはいくつかありますが、直下に飛行場を見下ろすことができる嘉数《かかず》高台公園★ははずせないでしょう。国道五八号を走っていても、中部から北部に向かうと両側に米軍基地や米軍住宅、通信基地などが次々にあらわれて、その真ん中を走ることもあるから、いやおうなく沖縄に米軍基地が集中しているのがわかります。沖縄は日本の国土の〇・六％なのに、在日米軍施設の七四％があるというのを実感します。

ただ、横から見るとどこからどこまでがどの基地かよくわかないんですね。それに道路からは軍用車両ぐらいしか見えないし。その点、嘉数高台公園は基地のきわきわまで住宅が密集している全体が見渡せます。世界で最も危険と言われるゆえんですね。オスプレイが配備されてからは、頻繁に離発着するところが見えます。

仲村　嘉数高台公園の入口に「普天間飛行場ちんすこう」というお土産を売っている移動販売車もありますね（二〇一五年六月で閉店）。名物同士をくっつけたお菓子です。実にしたたかというか、たくましいというか。こういう商売もあるんだなあ。普天間飛行場は反基地派にとっては素通りできないポイント。屋台が出てもおかしくないわけだ。
基地は振興策とリンクしていると言うけど、基地と観光産業もリンクしていますね。ここには中北部ランキングでグランプリをとった3丁目の島そば屋★という沖縄そばの店もあって、実は僕のお気に入りの店なんです。でもね、「ここまで食べにきて基地を見学しないのか」と言われそうで、素通りするのはいわく言いがたい背徳感も感じますね。

普久原　なにも背徳感まで感じなくても……とは思いますが、たしかに反戦ツアーのようなダークツーリズムにはある種の倫理性が求められるので窮屈そうな印象がありますね。沖縄観光においても、米軍基地のない宮古・八重山の方が純粋にリゾートだけを満喫できて好ましいと考える観光客も多いかもしれません。
僕が嘉数高台に上ったのは、小中学生時に授業の一環で訪れて以来です。当時は普天間基地返還の話題はなかったので、基

嘉数高台公園にある展望台。ここから普天間基地を見下ろすことができる

展望台からの風景。写真の奥が普天間基地。その手前に住宅が密集しているのがわかる

嘉数高台公園前にある３丁目の島そば屋。ここにそばだけ食べに来ると、背徳感が絶妙な薬味になる？

地の見渡せるスポットというよりは、沖縄戦で多くの死傷者を出した激戦地として教わりました。

藤井　普天間というと嘉数高台に上って普天間基地を見下ろすのが、定番の観光コースです。反戦学習ツアー等では必ず来るところですね。タクシーのドライバーさんが観光客を数人乗せてきて、現地で解説しているのをいつも見ます。

仲村　さすが「基地の中に島がある」と言われるだけあって、沖縄のタクシーの運転手さんは観光案内だけではなくて、基地案内もできるんですね。

藤井　解説を聞きながら「ひどいわ、それ！」って二、三人で来ていた観光客の年配女性が漏らしていたのが印象的でした。

仲村　うーん、三文芝居じみたセリフだなあ。感情的に即応するのはよくないね。こういう場合はしばしば呆然として声も出ないというか、そういう演出がほしい。ここは「犠牲のシステム」をいやおうなく見せつけられる場所なんだから。

いかにも基地を沖縄に押しつけている本土の加害者として、しばし腕組みして黙りこくるという動作を踏んだ上で、発言してほしいなあ。

普久原　それだと、ほとんど演技指導ですよ（笑）。

仲村　タクシーも空港で商売ができそうですね。「お客さん反戦派？　いま人気があるのは『普天間コース』と『辺野古コース』。オプションで『嘉手納の安保の丘』をつけることもできるよ。道中はオジサンが『沖縄を返せ』という反戦ソングを歌って聞かせるからさ」なんてね（笑）。

普久原　あざとい（笑）。

仲村　まあ、それは冗談にしても、僕も昔基地問題のツアーを組んで人を案内したことがあるから、頼まれれば「反戦食堂」で昼食付きというプランをつくれる自信がありますよ。

真面目な話をすると「ひどいわ」「差別だ」だけでは、安保法制で立憲主義を破壊した安倍政権はびくともしません。「普天間基地を巡る問題はひどいから、このひどい状況に荷担しないよう私はこうします」という思考の掘り下げが必要ですね。ここはなんと言っても、日本の安全保障のいびつさが物理的かつ可視的に見える場所だから。

普久原　基地問題については、いち個人として何ができるか自問すると悩ましい限りです。沖縄で街歩きをしながらその場所の来歴を探ると、復帰前の米軍占領下時代の影響や、日本本土との関係性などを背景とした逸話に遭遇することが多々あります。この街歩きを通して、沖縄を視点にすると日本や世界がどのように映るのかをより多くの人に知ってもらうことも、第一歩かもしれませんね。

藤井　そうですね。辺野古の新基地建設では、民主的な手続きで示された沖縄の「民意」を国が踏みにじる姿勢が鮮明ですが、その日本政府の凶暴さを身を持って感じることは、基地のまわりを見ているだけでは、内地から旅行で来た人には難しいと思う。この普天間基地を撤去するかわりに新基地がつくられようとしている辺野古にも足を伸ばして、反対運動を続ける人たちの姿も目に焼き付けてほしいと思います。感じ方は人によって違うと思うけれど、それでやっと米軍基地を抱える沖縄のリアリティの一端を感じられるのではないでしょうか。

仲村　この本でも辺野古のテント村の歩き方をテーマにしてみたから、ぜひ参考にしてほしいですね（幕間「辺野古ゲート前」参照）。

藤井　それにしても意外なのは、嘉数高台公園の展望台にけっこういたのは、オスプレイ目当ての航空マニアで、オスプレイが離陸すると、すごい望遠レンズをつけた一眼レフカメラを一斉に構えてパシャパシャやっていたことです。

仲村　嘉手納の道の駅★（道の駅かでな）の屋上も絶景ポイントになっていて、戦闘機マニアが多いところです。今日歩いたあたりもオスプレイが真上を飛ぶコースなんですよね。前に来たときは二時間で三回も見ましたよ。

普久原　普天間飛行場周辺を歩いていると時折、低空飛行している海兵隊機を見かけます。那覇に住んでいるとわからないのですが、定期的に大音量に晒されると気分が落ち着きませんね。

仲村　やはり中部は基地の重圧感を感じますね。僕の妻は昔コザ（沖縄市）に住んでいたので、嘉手納に飛んでいる空軍機と普天間の海兵隊の飛行機は、音の質が違うと言っていました。嘉手納では空気を裂くような爆音がするけど、普天間は重低音でずっしりした音なんだそうです。普天間はヘリコプター部隊が主体ですからね。とりわけオスプレイは重低音が特徴で、教室の窓が震動するくらい不快な音を出します。

実は僕の住んでいる那覇の天久《あめく》方面も時期によってオスプレイの進入コースになっているみたいで、夕方になるとあの重低音が聞こえてきます。住宅地の上を飛ばないという取り決めは完全に反古《ほご》にされています。コザや嘉手納では電話に出たときに「ごめんね。いま、米軍機が飛んでいるから……」と前置きすることも日常茶飯事のようです。

普久原　芸人の小波津正光《こはつまさみつ》さんによる「お笑い米軍基地」にそういうネタがありました。

藤井　「あなたの病名は……」って医者が患者に病状を告知する深刻な場面なのに、飛行機

小波津正光『お笑い米軍基地　基地に笑いでツッコむうちなー（沖縄）的日常』（グラフ社）

の爆音でかき消されちゃって肝心の内容がわからないという（笑）。

嘉数高台公園に上るツアーの流れには、佐喜眞美術館★も入っています。初めて沖縄に来た二〇代のときに友人と行きました。丸木位里《まるきいり》・丸木俊《とし》夫妻の「沖縄戦の図」の迫力はやはり感じるべきですよね。あと、ここは返還地の跡に建てたものですから普天間基地が一望できます。ジュルジュ・ルオーのコレクションも見られます。

仲村　「沖縄戦の図」は東京で生活をしていた頃、完成した直後に丸木美術館で見ました。丸木夫妻は沖縄戦を体験した人たちに徹底した取材を重ねてあの絵を描き上げたんですね。だから、当時の着物や欠けた茶碗とか日用品もていねいに再現されている。当時は「こんなことは現場にいた人間しか知らない。本当にヤマトンチュが描いたの？」という声もあったようです。戦争体験の語り継ぎは必ずしも地元の人でなくてもできるということですね。「沖縄戦の図」だけでなく、夫妻が描いたアウシュビッツ、原爆、南京大虐殺の図もその一つの例だと思います。

売買春街「真栄原新町」の幻影を見に行く

藤井　嘉数高台に登って普天間飛行場を眺めるような定型的なコースだけではなく、基地に付随する街も歩いてほしい。「基地の街」の現在の姿を昼も夜も見た方がいろいろなものを感じられると思うんです。「反戦ツアー」の後は那覇に戻って民謡クラブや沖縄料理屋で泡盛を飲むというのもいいけれど、そのまま基地の街に滞在するということを勧めたい。

普久原　反戦ツアーで訪れる観光客も、投資だと思ってついでに地元で楽しんでほしいですね。要は、基地の街で米兵よりある種意味のあるお金を落とせばいいんですよ。そういうことも「運動」の一環になるんじゃないのかとふと思ったんですけどね。

藤井　嘉数高台から普天間基地を見ると手前の方に見える一帯がもともと売買春街だった真栄原新町《まえはらしんまち》です。二〇一〇年前後から盛り上がった「浄化」市民運動で街は壊滅しました。賑わっていた頃の街の実態や戦後史については、拙著『沖縄アンダーグラウンド』を読んでいただきたいのですが、一九五〇年代に米兵相手にできた特飲街で、占領していた米国のい

真栄原新町の街路。平屋形式の長屋が所狭しと建ち並ぶが、人気はまったくない。

ろいろな規制やプレッシャーをかいくぐるかたちで沖縄の人たちや、観光客相手に切り換えてしぶとく生き残ってきた街です。

近年、インターネットや風俗雑誌で取り上げられ、沖縄の「夜の名所」になってしまい、地元市民から「沖縄の恥」という声が急速に高まり、警察や行政等が連動するかたちでとりつぶしにかかったのです。「ちょんの間」と呼ばれる売買春の店舗はそのまま残っていますが、だんだんとアパートなどに改築されつつあります。

この「跡地」は歩いてみてほしい。とはいえ、売買春店はもちろん居酒屋等あいている店は一軒もありません。『沖縄アンダーグラウンド』の取材のときに、九〇歳ぐらいの姉妹が二人で切り盛りしているおでん屋が街の一角にありました。夜に取材に行くとたまに覗きましたが、いまはもうなくなりました。看板だけ残ってます。

仲村　沖縄は戦史や戦後史はよく語られますが、戦中戦後をそこで暮らした人々の暮らしがわかりにくいですね。僕も『本音で語る沖縄史』（新潮社）を書きましたが、史料収集をする中で痛切に感じたのは、生活史があまり見当たらないことでした。本土の焼け跡の闇市や売春街で暮らす人々は小説や映画、ドラマになっているので、リアルにその様子が頭に浮かんできますが、沖縄はそこを描いた作品が少ないので、当時どんなものを食べて飲んでいたのか、大人たちはどこで遊んだのか、居酒屋みたいなものがあったのかどうか、あったとすれば外装や内装はどんなふうだったのか、その光景すら浮かんできません。

その点で言えば真栄原新町はつい最近まで建物が残っていたので、街そのものが戦後史を語るオープンスタジオのようでした。いまやその貴重な風景も発掘されることなく壊されようとしている。もったいないですね。この点、沖縄は歴史の語り継ぎに失敗しているように思えます。底辺で生きる人たちの文学が生まれにくい理由もそれが大きく関係しているのではないでしょうか。

藤井　街の商売が壊滅した後、この街で働いていた女性たちが店舗にそのまま住んでいて、僕はずいぶん取材させてもらったんだけど、いまはそういう人も出て行ってしまいました。本当に寂しい街というか、路地というか、人間の生気がとつぜん消え去ってしまった感じになりました。いるのは猫たちだけです。売春をしていた女性たちが餌をやっていた猫たちです。普久原くんは歩いてみてどう思った?

普久原　街路としては面白い場所ですね。軒の低い長屋形式の平屋が多くて、街路に対して

よくある沖縄の市街地の建物。一階部分がピロティで駐車場になっている

真栄原新町の平屋建て。建物が低いので抜けるような空が見える

掃き出し窓が整然と並ぶような構成です。（建築基準法の）用途地域制限等にもよりますが、通常、沖縄の市街地は一階をピロティ（吹き放ち）にするなどして駐車場を確保して、二〜三階建ての構成が多いので街路を散歩していても窮屈に感じられる上ちょっとつまらないんですね。

だから昼間の真栄原新町を歩いていて、久しぶりに空が近く感じられましたし、整然とした出入り口にリズムすら感じます。意外とこんな空間構成の場所を歩いたことがなかったなあ……と思ったんです。売春という目的に最適化された結果、創り出された空間なのでしょうけれど、別の用途に転用するなどこの構成を活かした街の在り方があるんじゃないかと想像してしまいますね。

藤井　さすが建築家、見ているところがぜんぜん違うなあ（笑）。でも、今後、この街をどうしていくかは大きな課題ですね。普天間基地返還後の土地開発計画によると幹線道路とつなげるために、真栄原新町はなくなることがかなり以前から予定されています。僕は前に『沖縄アンダーグラウンド』を書くための取材で、伊波洋一・前宜野湾市長にインタビューしたことがあるんですが、彼は真栄原新町を普天間基地に付随した負の遺産としてとらえていて、「浄化」運動の先頭にも立っていました。彼は嘉数の出身で、幼い頃からこの街がどんなところかは知っていたそうです。しかし、普天間の辺野古移設に対して県民の反対がこれだけ高いと、この街もしばらくはゴーストタウンのまま放置されるような状態が続くと思われます。

普久原　浄化運動後にゴーストタウン化した街の活性化策として、防衛省の高率補助事業で交流施設を建設する計画がニュースになっていましたね。交流施設は施設稼働率が低く維持コストも決して安くありません。これからの人口減少社会に対応することを考えた場合、必ずしも新築のハコモノがよいとは限りません。新たな建物は設けずに既存の民間レンタルスペースなどの活用を促して、その利用に対して補助金等を充てるなどの方策に切り換えた方がよい場合もあります。

場所が場所ですから点として施設を設けてもゴーストタウン化した周囲との対比は避けられません。面的な計画が望ましいと思うのですが、どの程度の見通しを持っているのかが問題になりますね。やはり当事者の立場になると、「補助事業の機会を逃したら現状のままだ」という気持ちになるのだろうか、といつも考えさせられてしまいます。

仲村　沖縄は長年の振興策で、街のつくり替えや再開発が止められない島になってしまいました。首里城の地下にある沖縄戦を指揮した第三二軍の司令部壕★も埋める計画がもちあがりましたが、戦跡だけでなく、住民の生きた現実をうかがい知ることのできる負の遺産も残すべきだね。想像力の糧となるものをどんどん失っているのが現実です。

キャバレー跡地からヤクザの抗争に思いを馳せる

藤井　真栄原新町を歩いたら、ブックスじのん★もはずすわけにいかないですね。歩いて一〇分もかかりません。沖縄は県産本を扱う古本屋さんが充実していますが、これほどの規模のところは他にありません。僕は資料収集等でブックスじのんさんには本当にお世話になってます。物書きでじのんの店長・天久さんの博識にお世話になっていない人はいないんじゃないかな。ノンフィクション作家の佐野眞一さんも「ここに行けばないと思っていた本がある」と紹介してますが、いわゆる沖縄県産本から自費出版の

宜野湾市の「古本小宇宙」ブックスじのん

ような雑誌、市町村史、沖縄企業の社史から名簿類、行政の資料まで、もう小宇宙と言っていい。

普久原　店名の「じのん」は、所在地である「宜野湾」の方言名からつけているそうです。「宜野湾《ぎのわん》」を、方言では「じのーん」と伸ばして発音するのが正しい表現らしいですね。沖縄は難読地名が多すぎて、正直言って地元の人でも読めない地名がたくさんあります。「保栄茂」と書いて「びん」と読むなど、キラキラネーム以上の難易度ですよ（笑）。

仲村　天久さんは本の生き字引ですね。こういう本がほしいと相談すれば、即座に答えてくれます。まさにモノカキにとって処方箋のような存在です。沖縄は年刊三〇〇点もの新刊が出ている出版王国ですが、その凄味はここに来れば実感できます。図書館よりも利用価値が高い古本屋さんですね。

藤井　では、じのんのある真栄原交差点から大謝名方面へ行きましょう。実はこの道の左手に、沖縄暴力団抗争の長い歴史の中でターニングポイントになった事件が起きた「ユートピア」という大きなキャバレーがあったんですが、いまはまったく痕跡はありません。

当時、沖縄ヤクザが内地の山口組の進出に対抗するために大同団結をおこなって「旭琉会」の前身となる組織をつくったのですが、上原一家が大幹部の新城喜史《しんじょうよしふみ》と反目して脱退、殺し合いをくり広げます。そこに事件が起きました。一九七四年に起きた、宜野湾市真栄原の

琉球新報
旭琉会理事長殺さる
クラブ内で暴力団抗争　宜野湾
至近距離から短銃を発射
犯人一人は自首
普天間署非常招集　50人の飲み客騒然
〝ムカムカしてやった〟
半年前から短銃持ち歩く

「琉球新報」に掲載された当時の記事。見出しには「旭琉会理事長殺さる。クラブ内で暴力団抗争」と書かれている

クラブ「ユートピア」で飲んでいた新城喜史が射殺された事件です。新城喜史は「ミンタミー（目ん玉）」と呼ばれる沖縄のヤクザ史上で最も恐れられた一人です。

普久原　藤井さんと何度か付近の人に聞き込みしましたが、事件を覚えている人が見つからなかったですね。仕方なく当時の新聞と地図を探してから場所を特定しましたが、ユートピアのあった場所は、現在、パチンコ店になっていました。

藤井　当初は、ユートピアがあった場所が見つからずに通り過ぎてしまって国道五八号線の隣にある大謝名《おおじゃな》特飲街周辺を歩きまわってたんだよね。当時の大謝名交差点は三叉路で、つきあたりの宇地泊《うちどまり》にはキャンプ・ブーンが、その北側の真志喜《まきし》にはキャンプ・マーシーが本土復帰後しばらくまであって、大謝名特飲街も賑わっていたようです。思っていたより細い路地だったので、大通りからは目立たなくて注意して探さないと見過ごしてしまうような場所だったのですが、通りの入口にはちゃんと看板跡が残っていたね。ユートピアがあったのは、真栄原特飲街と大謝名特飲街を結ぶ道路のちょうど中間ぐらいの場所だった。

普久原　事件のあったユートピア周辺の様子について一九七四年一〇月二五日付の琉球新報に記事がありま す。真向かいの住民に取材されていますが、「暴力団による乱射事件と知り、ぶっそうな世の中になったものだ。一ヵ月前斜め向かいの給油所に爆弾が仕掛けられたとの怪情報があった。その際は付近住民は怖くなって避難騒動までしたばかりだ。以前は静かな所だったが、同クラブが出来たあとは車の往来も激しくそうぞうしくなった。夜もおちおち寝てもおれない。いやですね」と語っています。実はこの周辺は元米国軍人軍属向け住宅地（外人住宅）だったんですね。いまでも大通り沿いに当時の外人住宅形式の平屋建ての建物が残っています。

近くに真栄原交番が建っているのですが、当時の地図にはないんですよ。事件の影響で建ったのかどうか想像すると面白いですね。このユートピアでのヤンバル派幹部射殺事件に関

大謝名特飲街の入口に残る看板跡。沖縄の戦後史の一端が伺える

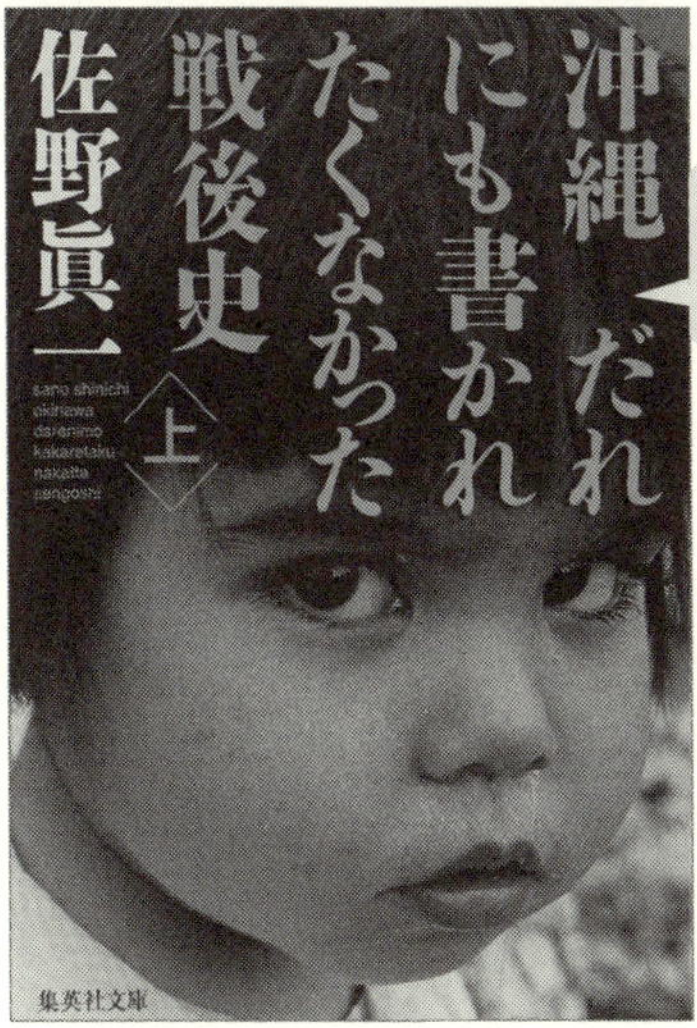

佐野眞一『沖縄 だれにも書かれたくなかった戦後史』（集英社文庫）

しては『沖縄 だれにも書かれたくなかった戦後史』（集英社文庫）で佐野眞一さんがミンタミージョーを撃ったヒットマンにインタビューされています。戦果アギヤー（戦後の沖縄で米軍物資を盗み「戦果を上げる」行為のこと）からはじまった沖縄ヤクザの勃興や、本土復帰を機会に再発した島内抗争、そしてヒットマンとなった彼がフィリピン人とのハーフだったということにも、占領下の沖縄の状況が象徴されていますよね。実は先ほどの新聞記事に事件直後に自首してきたヒットマンの当時の住所が掲載されているのですが、大山の「米琉ハウス」なんです。

藤井　住所まで掲載するって時代を感じるね。米琉ハウスというのは何なの？

普久原　外人住宅群の宅地開発を主に手がけていた会社が「米琉住宅株式会社」なんですよ。簡単に説明すると、沖縄では米軍基地内の住宅供給不足を補うために基地外に民間による軍属向け賃貸住宅を供給していたのですが、地元民向けよりも高い賃料が期待できたこともあって一九五〇年代後半から一九六〇年代前半にかけて建設ブームがありました。基本的な形式としては、コンクリートブロック造りによるフラットルーフ（陸屋根）の平屋建て、一棟あたりの床面積が二五坪から三〇坪程度で、隣棟間隔が家賃評価に関わっていたためゆとりのある庭を設けているのが特徴です。最盛期には一万二千戸以上もあったと言われています。

藤井　嘉数高台から町を見渡しているときにも外人住宅が見えたね。現在では庭付きの平屋は希少な上に、家賃も手頃ということでおしゃれにリフォームして住みこなしている例を、雑誌の特集などで見かけるよ。

普久原　港川外人住宅地も地域単位でコンバージョンして港川ステイツサイドタウン★という名称で、古着・雑貨屋、カフェなどのおしゃれなお店が並んでいますね。観光地としても歴史性を味わいつつショッピングを楽しみたい人には最適かと思います。

沖縄に限らず東京の立川市や福生市《ふっさ》、福岡の春日市などに元

港川ステイツサイドタウンの外人住宅を改装したおしゃれなお店。その前に佇む藤井氏（おしゃれハット着用）

コンクリートブロック造りの平屋の典型的な外人住宅

Dependent House（米兵の扶養家族住宅）が残っていてリフォームしながら使っている例もあるようです。庭付きの平屋というのは、当時としても贅沢なつくりなので、時代を経ても淘汰されずに住みこなされ続けていますね。そこから学べることは多いですね。

藤井 港川外人住宅は浦添のマンションが建ち並ぶ中に忽然とあらわれる感じですね。中は沖縄そば屋、古着屋、パン屋、カフェなどが数十軒あって、歩いて、覗いて、コーヒー飲んでとかしていると日がな過ごせます。昔の間取りとか、風呂場とか洗面所とかそのまだから、当時の外人住宅の生活感がそっくり残ってます。ああいう再利用の仕方はいいと思う。

仲村 元「過激派」学生だった僕は新左翼の党派抗争については詳しいんだけど、二人はこういうジャンルになると博覧強記だなあ（笑）。でも、いまとなっては互いに誰も聞いてくれない話題ですね……。

普天満宮・根の国とニライカナイ

仲村 さて、普天満宮★に行きましょう。琉球八社の一つの神社・普天満宮は、もともと後ろにある普天満宮洞穴が信仰の対象で、後から社殿をつくっているんですよね。なので、元祖聖地だったのは洞穴の方。沖縄では洞穴は古来、現世と後生《ぐそー》の境界とされ、聖域であると同時に風葬の場所として、忌むものとされてきました。つまりは生と死が同居するアンビバレンツな世界ですね。

普久原　沖縄学の父である伊波普猷がニライカナイ信仰の「ニライ」は「根の方」という意味だという定説をあげていますよね。それを受けて、柳田國男は日本神話の「根の国」と同じ意味だとしています。ニライカナイも根の国も、死者の魂が帰る場所としての「常世国《とこよのくに》」と同じものだって。素人ながらに海の彼方のニライカナイは水平軸で、地下世界の根の国は垂直軸の世界観だと感じていたのですが、沖縄にも垂直軸の世界観があるのでしょうか。

仲村　ニライカナイも常世国も海の彼方にある理想郷だと言われているけど、死者の魂が帰る場所というのは黄泉の国でもあります。それで黄泉の国というのは「根」の方に、つまり地下の方にあるという考え方もありますね。琉球でも崖と洞穴が

普天満宮洞窟。こちらの方が神社よりも先に聖地だった

普天満宮。琉球8社のひとつの由緒正しい神社

中上健次『紀州』（角川文庫）

信仰の対象になっているのは、きっとそこがニライカナイに通じる道だと信じられていたんだろうね。

藤井 そういえば、柳田國男の説を聞くと、中上健次のノンフィクション作品『紀州 木の国・根の国物語』（角川文庫）を思い出します。熊野は太古からの霊地ですから、根の国は日本神話に登場する異界ですし、調べてみたら『古事記』では「根之堅州國《ねのかたすくに》」「底根國《そこつねのくに》」、『日本書紀』では「根国《ねのくに》」、祝詞では「根《ね》の国底《くにそこ》の国《くに》」「底根《そこね》の国《くに》」と書かれるそうです。『古事記』には根の国は、その入口を黄泉の国と同じ「黄泉平坂《よもつひらさか》」としている記述がある。根の国と黄泉の国は同じものと考えられていて、地下ではなく海の彼方または海の底にある国とされています。そういう視点を持って普天満宮の洞穴を歩くと何か古代人の信仰を感じることができますね。

普久原 では、根の国も本来は水平軸の概念だったんじゃないかということなんですね。

仲村 ニライカナイの「ニ」と根の国の「ネ」

は語源が同じで、もともと「ネ」の音が先にあって後から「根」の字が当てられたとも言われているね。

普久原　なるほど。僕は、方角を冠した沖縄の古い地名を見て、いつも混乱させられているんです。「前《メー》ヌ毛《モー》」とか「後《クシ》ヌ御嶽《ウタキ》」とか、いまとなってはどこから見て前なのか後ろなのかまったくわからないことが多々あります。「東《アガリ》ヌ窯《ガマ》」なんて僕の住んでいる場所から見たら西側ですから（笑）。そう呼んでいた当時の人々には集落の中心と領域が明確に意識されていたのでしょうけれど、都市化して境界がなだらかになってしまった現代の僕らにはその感覚が失われてしまっているんですね。西武門《ニシンジョウ》も本来は方言の「ニシ」という発音の方が重要です。ややこしい話になりますが、沖縄では「ニシ」は「北」を意味していますから、久米村の北側の入口だったんだろうなと理解するまでに非常に時間がかかります。

藤井　古来の人々の境界意識は独特かもしれないね。京都に安井《やすい》金比羅《こんぴら》宮《ぐう》というのがありますが、這いつくばって岩の穴をくぐると「心機一転」できるという御利益があると言われてます。僕が行ったときは大雨が降っていたので、くぐるのはやめて「心機一転お守り」だけを買って帰りましたが（笑）。

仲村　縁切り寺としても有名ですね。悪縁を切るために岩の穴をくぐり、良縁を得るためにくぐり直す。ここだけの話ですが、僕もこの悪縁ばかりは神様の力を借りないとどうにもならぬと、二度ほど縁切りでくぐらせていただきました（笑）。

普久原　御利益はあったのですか？（笑）

仲村　見事に叶いました（笑）。安井金比羅宮はやはり霊験あらたかなパワースポットだね。でもね、「願えば叶う」は怖いことなんだよ。願いはこれすなわち「我欲」ですから、成就したことに等しいかそれ以上の代価を払わないといけない。だから怖いんです。二度目の縁切りは高くついたなあ。まだ、このことは大っぴらには書けないけど（笑）。

藤井　安井金比羅宮のような信仰は日本各地にあって、穴を抜けると生まれ変わるということです。東京の浅草寺にも「胎内くぐり」の灯籠《とうろう》がありますが、江戸時代から有名だったみたいです。小さな鳥居や岩穴をくぐり抜けるという信仰は「胎内くぐり」、もう一度産道をくぐり抜ける、すなわち生まれ変わりを意味しています。

僕の好きな勝新太郎さんの「座頭市」のシリーズにもそういうシーンが出てきて、どこかの村で岩の穴を四つんばいになってくぐり、外に出ると願いが叶うという祭りがあって、座頭市は目が見えるようになると信じて何度も穴をくぐるんです。この世とあの世の境を抜けて生まれ変わるというのは全国各地にある信仰です。

普久原　琉球王国初期の陵墓である浦添ようどれ★も戦争で破壊される以前は暗《クラ》シン御門《ウジョウ》という岩でできた自然のトンネルを抜けてアプローチしていたみたいです。その情景をイメージしながら境界を抜けると、より黄泉の国へと近づいている感覚が味わえます。普天満宮の拝殿も、神域となっている洞穴との境界を意識させてくれますね。

仲村　だから、琉球八社はすべて背後に崖か洞穴がある。

藤井　普天満宮洞穴はパワースポット巡りをしているようないまどきの人たちにも充分お勧めできる場所でしたね。観光で来ているというより、かなり真剣に祈っている方々が目につきましたね。

藤井氏、鍾乳洞で地学部の血が騒ぐ

仲村　普天満宮洞穴の中は鍾乳洞になっています。沖縄戦以前の普天満宮の本殿はその鍾乳洞の内部にあったらしい。洞穴の入口には男女の生殖器のかたちをした陰陽石を祀っていますね。日本に農耕が入ってきたときの結び信仰の一つですね。まさに男女の結合のパワースポットです（笑）。

藤井　鍾乳洞で久々に鍾乳石を見ましたけど、タガネとハンマーを持って化石や鉱石を採掘しに行っていた少年時代の記憶が蘇ってきました。中学時代の地学部の血が騒ぐ（笑）。僕が沖縄が好きな理由にも、石の文化を大事にしているところがあったりするのかも。

普久原　えっ！　藤井さんは地学部だったんですか？　意外な出自ですね。

仲村　僕は園芸部出身だよ。小学校のときは傘係と図書館係。

普久原　文科系の部活には、地学部や園芸部なんて部活もあるんですね（笑）。

仲村　でもさすが地学部の人は反応が違うね。鍾乳洞のヒダヒダの石を見て、素人はそれを化石だとは思わないもの。でも普通、中学校に地学部ってないでしょう？

藤井　たまたま僕のいた中学校にはあったんですよ。面白い先生がいて、最初の授業で大きな水晶を見せてくれた。それを見てみんな虜になって、地学部に入部するやつも出てくるんですけど、活動が地

鍾乳洞に見入る仲村氏（元園芸部）と藤井氏（元地学部）

陰陽石。霊験あらたかなエロい石

味だからどんどん辞めていくんです（笑）。僕は結局最後まで残っていましたけど。

仲村　水晶に虜になるって、問題のある思春期だねぇ。実際、石系にハマるのはヤバイんだよ。石には呪力があると言いますからね。陰陽石の信仰には子宝、安産、子孫繁栄なんかの祈願もあるけど、拝まれるそもそもの理由は男性器、女性器のかたちの石そのものに呪力があると信じられていたからですよね。

藤井　中学生のときに好きだったのが、つげ義春のマンガなんです。『無能の人』（新潮文庫）の中で、河原で拾った石を観賞用として売り歩きながら、山奥の鉱泉をまわって湯に浸かり、溜め息まじりに「いつ死のうか」とか思案したりするうらぶれた男。そういう夢想をしていましたね（笑）。

仲村　やっぱりずいぶん問題のある中学生時代を過ごしましたね（笑）。

藤井　小学校高学年の頃は、自転車に乗って一人で神社仏閣を巡り朱印集めをするような子どもでした。だいたいどこの寺や神社に行っても達筆の方が書いてくれるんだけど、たまに見習い坊主みたいな人に下手な字で書かれる度に、気が狂わんばかりに泣き叫んでいまし

『無能の人』のワンシーン。思春期の藤井氏の荒涼とした心象風景が伺い知れる

野本三吉『いのちの群れ』（社会評論社）

た。俺のコレクションをどうしてくれるんだ、と（笑）。

仲村　かえすがえすも問題のある子どもだなあ（笑）。そういえば、たまたま普天満宮洞穴に向かう前に調べていたら南城市にチンチンドウというのがあるのを見つけたんだよ。「珍珍洞★」という字を当てる。

藤井　秘宝館系ですね（笑）。

普久原　野本三吉さんの著書『いのちの群れ』（社会評論社）にも「父」の洞窟と「母」の洞窟という名前で登場しています。ちなみに、「母」の洞窟の方は現在では「満満洞★」と呼ばれているみたいです。

藤井　まんまやな（笑）。

仲村　むしろ、野本三吉さんがノンフィクションにまとめられていることの方が驚きだ。それにしても、沖縄の石との関係性は、古典的というよりは、より原始的なんだよね。そのわりには地元の人は洞穴に入らないようだけど。実は僕も普天満宮洞穴は移住してきてから入ったことなかった。

藤井　その仲村さんの「初めて」の焦りが感じられる瞬間がありました（笑）。

仲村　僕らの後から洞穴に入ってきた見知らぬおばちゃんが、なぜか手を出して僕にハイタッチを求めてきたんだよね。思わず僕も応じてしまったけど、すぐに自分を責めたね（笑）。あのケースは、普通ドン引きして手を出せない。

藤井　あのハイタッチおばちゃんは、かなりのペースで参拝されているんじゃないかと思います。あきらかに洞穴の暗闇の中でハイになってた。

仲村　あのおばちゃんも珍珍洞に参拝してたりするんじゃないかな？　あのただならぬ雰囲気はもしかすると男女の結合神の化身かも。

藤井　そのハイタッチおばちゃんの後ろで、おばちゃんの祈りの動きを真似ていた普久原くんもどうかと思ったよ。今日あたり悪い夢でも見るんじゃないかな（笑）。

普久原　ええ～っ（汗）。

仲村　男女の欲望の深い闇に惑溺《わくでき》していくイケナイ夢……（笑）。

「参道」と性の社会学

仲村　さっきの陰陽石の話ともつながるけど、神社仏閣のある門前町には、かつては必ず「性」の空間があったようですね。普天満宮のまわりにも特飲街があるし、同じ琉球八社の波上宮の隣にもやっぱり辻の遊廓がある。たとえば、宗教学者の山折哲雄さんは「巡礼の構造」（『日本歴史民俗論集（第八巻）』（吉川弘文館）に所収）という文章の中で、こういうふうに言っています。「そもそも巡礼には、回国修行としての『遊行《ピルグリージ》』と物見遊山としての『観光《ツーリズム》』という二つの契機が重層的に含まれている。たとえば伊勢参宮には古市の妓楼での遊びがつきものであったし、参拝ののち、聖地巡礼の緊張感を解かれた参宮客は街道筋の飯盛女や茶汲女によって身心の慰安を求めた。同じことは善光寺詣や成田山詣にもみられたであろう。参詣客にとって、聖地の社殿や本堂の門前にのきをつらねる門前町は巡礼という受難の路を完成させる最終の道行きの場面であるが、しかし聖地の中心に到達してしまったあとは、そこはたちまち巡礼客の欲望を吸収する歓楽の舞台へと変ずるのである」

受難の路を極めた男の参拝客たちの最後の癒やしの場所（歓楽街）が近隣にあるというのは

興味深いです。沖縄と日本は信仰観や歴史が異なるし、沖縄の特飲街は戦後米軍向けにつくられた場所が多いので、同一ではありません。ただ不思議なことに、辻遊廓の近隣にも波上宮があって、「聖地」と「歓楽街」が隣り合っているのは奇妙な一致点です。

藤井　「飯盛女」や「茶汲女」って、いわゆる売買春を生業にしていた女性のことを言います。

仲村　そう。江戸の吉原、京都の島原、伊勢の古市が三大遊廓と言われるけど、古市は伊勢神宮を背景にしているんだよね。さっき藤井さんが言った、縁切り寺で有名な京都の安井金比羅宮も同じ構成になっていて、参道の鳥居をくぐるとラブホテル街になっています。つまり「聖」と「性」が同一空間にある。

藤井　そういえば、普天満宮の横にもラブホテルがありましたもんね。でも、普天満宮の隣のホテルで休憩する人たちの気持ちはどうなんでしょうね。普天満宮洞穴の鍾乳石のヒダヒダの陰影を見て、その流れで「休憩」に入っていくのかな……。

仲村　霊験あらたか（笑）。

藤井　自分が鍾乳洞みたいになっちゃう（笑）。なんじゃ、それ（笑）。

仲村　普天満宮の観光コピーは「地球の歩き方」ならぬ「子宮の歩き方」で決まりですね（笑）。

普久原　バカだなあ（笑）。

仲村　でも、巡礼の先に性的な歓楽街があるというのは、巡礼、すなわち受難の路が死と隣り合わせだったからじゃないでしょうか。登山家の植村直己さんのエッセイで、明日にはエベレストの頂上にアタックというときに、テント内でチームの人に「ちょっとしてもいいですか?」と極寒の山中で自慰行為をしたという逸話がありました。命懸けの旅と性欲の発露は表裏一体かもしれない。

普久原　戦争に行く兵士が戻ってきたときに、衝動が女性に向かうみたいな話なんですかね。それだけ当時は参拝も命懸けだったということですよね。

仲村　その通りで、四国八八箇所巡りも、ほとんど死ぬ覚悟で巡礼していたらしい。行き倒れや野垂れ死ぬことが珍しくなかったみたいです。

普久原　お遍路さんのあの特徴的な白い衣装も、もともとは死に装束だったって聞きますからね。

(後編に続く)

幕間

沖縄そば抗争

ホワイトカラーそばとブルーカラーそばの仁義なき戦い

仲村　よく「沖縄そば」と一口に語られますけど、いま那覇で食べられている沖縄そばというのはすごく洗練されていて、もともとはあんなものじゃなかったんですよね。沖縄そばをいま那覇の行列店で食べると六〇〇円から七〇〇円くらいしますが、以前はだいたい三〇〇円とか三五〇円程度でした。

那覇のそばがここ二〇年くらいの間にものすごく進化していくにつれて値段も上がったわけです。なので、旅行者がおいしいと言っている人気店の多くは沖縄そばというよりも「那覇のそば」なんです。那覇と首里にある名店の首里そば★もそうですけど、大衆的なものというよりは、ちょっと高級なハイソサエティなそばなんですね。もともとの大衆的な沖縄そばというのは、那覇では老舗の大衆食堂ぐらいにしかなく、大ざっぱに言えば中部や山原《やんばる》にしか残っていません。中部の人が新都心のおしゃれなそばを食べると「ああいうのはそばとは言わない」と言いますからね（笑）。

首里そばのそば。透き通るような透明なスープに気品が漂う

藤井★ なるほど。じゃあ、むつみ橋のかどやみたいなのが、もともとの沖縄そばなんですか？ とんこつベースでスープが濁っていて太麺の沖縄そば。僕はかどやのそばを初めて食べたとき「あれ？ 博多のとんこつラーメンなのかな?」って思いました。しかも注文してから一五秒くらいで出てくる、そのうえ替え玉までできる（笑）。替え玉は五秒ぐらいで出てくるからますます博多的な感じです（笑）。

仲村 替え玉は沖縄では珍しいけど、見た目や味はそんな感じです。

普久原 沖縄そばは、ゼロ年代に入ってからだいぶ変わりましたね。それ以前は主に大衆食堂で注文するメニューの一つでしかなかったのに、専門店が増えて、お品書きの書式から店員の格好含め味以外も変わってしまっています。僕はむしろ「本土のラーメンブームから学んだな」って思いました。

仲村 昔、実際に沖縄そばの店をプロデュースしたことがあるんです。ダシは首里そばをモデルにしました。首里そばのスープは限りなく透明に近い。そこで、とんこつではなくて、豚のブロックをダシに入れて、引き上げる方法をとりました。あとはカツオと利尻昆布でうま味と風味を出す。贅沢なダシですが、そうしないと透明にならないんです。ただし、原材料がものすごく高くつく。そうしたらつぶれちゃった（笑）。

藤井 ははははは（笑）。でも贅沢なスープですね。

仲村 もう絶版になっていますが、朝日新聞社発行の沖縄の郷土料理本に写真が載っているんですが、これが首里そばの源流と言われるさくら屋の沖縄そばです。九六年頃まで営業していましたが、いま名店として有名な

いまはなき名店さくら屋の店舗とそばの様子（『郷土料理とおいしい旅20　沖縄』〔朝日新聞社〕より）

首里そばや御殿山《うどぅんやま》★はこのさくら屋の味を引き継いでいると言われています。このそばはコシがすごくあるんです。麺は手打ちで、かん水ではなくて、木灰汁《もくあく》を使っています。昔ながらの製法です。前言を翻すようですが、洗練された店の沖縄そばは先祖返りしたとも言えますね。そうして、大衆化するにつれて白濁したスープのそばも生まれた。

藤井　写真を見ると、さくら屋の麺は極太ですね。

仲村　手打ちのぼそぼそした感じです。首里そばや御殿山がこの味を受け継いで、さらにそれをいろんな人たちが発展させていったんです。さくら屋がなければいまの洗練された沖縄そばはなかったと思います。

藤井　中部や北部のそばっていうのは、我《が》部祖河《ぶそか》食堂★みたいなものですか？　あそこはたしかソーキそばの元祖って言われていますよね。

仲村　同じ名護にある丸隆そば★も元祖を名乗っているから、どちらが本当かよくわからないですけど。

この二〇年で沖縄そばの値段はほぼ二倍近くになってるんです。一時期、その反動で大衆化路線が流行って、鰹だし以上にとんこつを多めに使ってスープをこってりさせ、大盛りのボリュームで勝負していくという店が増えました。昔ながらの沖縄そばとはちょっと違いますね。

藤井　さくら屋の味は大衆的なものというよりも首里の士族系の味なんですかね、やっぱり。どちらかというと内地的なダシの取り方ですよね？　江戸の立ち食いそばに感覚的には近いような気もします。

仲村　昔、普通にあった沖縄そばを食べたいと思ったら、宜野湾の三角食堂★に行けば食べられます。スープもとんこつで白濁していて、麺もコシがなくて持ち上げるとブツブツと切れていく。沖縄の中部ではまだそういうそばが食べられます。

藤井　豚のとんこつの方が沖縄の食文化的には理に適っている気もしますね。

仲村　昔の新聞広告なんかを見ると、最初は「シナそば」って言われているんですよね。戦後に「沖縄そば」と呼ばれるようになった。

普久原　そば粉を使っていないのに「そば」と称しているものだから、復帰後にまぎらわしい名称ということで公正取引上の問題になったことがあるそうですね。名称登録が許可された一〇月一七日が「沖縄そばの日」ということになっています。

僕が子どもの頃は普通に「そば」って呼んでましたから、まさに勘違いの当事者でした。たとえば、「一杯のかけそば」は、「沖縄そば」を分け合っている情景を思い浮かべて読んでいた（笑）。だから、本土のそば屋に入って、そば粉のそばが出てきたときは、「なんだ？

こんなのそばじゃないよ!」って思ったことがあります。間違っているのは僕の方なんだけど(笑)。

藤井　はははは(笑)。そういえば、とっくの昔になくなってますけど、辻のウシンマーそばは、それまで豚肉の細切れとネギだけだった具に、かまぼことショウガをのせて、現在のスタイルにした元祖と言われていますね。

仲村　大正時代ですね。どんな麺でどんなスープだったか、いまでは謎だらけのそばです。

普久原　スープだけでなく、麺もすごく変わりましたよね。沖縄そばが三五〇円くらいの時代はだいたい麺にコシがなかったなあ。いま思い出すと、以前のそばは麺がのびきっているようにしか感じませんね(笑)。いまの沖縄そばを認めないという人もいるけれど、僕は大歓迎です。

仲村　そもそも麺の「コシ」っていう言葉はウチナーグチにないですからね。昔、那覇でそばのおいしい店に料理屋の主人を連れて行ったら「固い」って文句を言ってましたよ(笑)。

藤井　僕が最初に沖縄に来たときは、「沖縄そば」と言えば、そばというよりも上にのっている肉を食べるというイメージだったんですよ。ソーキそばとか三枚肉とか、とにかく肉のインパクトで食わせる。そのうちに、沖縄に通うようになって、だんだん上品なそばも食べるようになった(笑)。

仲村　戦後、沖縄そばを大衆化させたのは戦争未亡人だという説があります。沖縄戦で夫を失った人が多かった女たちがどんどん店を開業させたというわけです。老舗食堂の主はおばあが多いのはそのためで、存外、あたっているかもしれません。そのうち、那覇だけがどんどん進化していって沖縄そばの専門店がたくさんできていった。でも、専門店は値段も高めでおしゃれだから、中部や北部の人間は入りにくいんですよ（笑）。

藤井　さっき大衆化の波の中で大盛りそばが流行ったっていう話がありましたけど、それがどんどん変な方向に進化していったものもありますよね。前田食堂★とかが有名ですけど。僕はけっこういろんなメガ盛系の店に行きましたが、若いうちはうれしかったけど、歳をとるごとに完食はキツくなった（笑）。

普久原　ラーメン二郎系の絵づらの山盛りの店が一定数ありますからね。具を食べている間に麺がのびるという（笑）。ソーキは基本的に味付けが濃いので、スープの味がわからなくなることを避けるため、近年はあらかじめソーキを小皿に分けて出す店が増えました。

藤井　野菜炒めをそばの上にそのままのせるから、スープと混じっちゃって何を食っているのかよくわからなくなるという（笑）。味

前田食堂のメガ盛りそば。コショウ風味が決め手。いと高き山頂

がもう「スープじゃないだろう、単に野菜炒め汁がそのまま入っているだけだろう」というのも少なくないけど、糸満の某そば屋は有名ですが、僕の中ではちょっと……。

仲村 僕が移住した頃はあれがおいしい有名店だと言われていたんですよ（笑）。

藤井 他にも、そばの上にちゃんぷるーをのっけただけ、っていうのもありましたね（笑）。別々に食った方がいいじゃないと思っちゃう。

仲村 ダシを大事にしていないんですね……。スープが濁るのって嫌じゃないですか。ダシは明鏡止水のごとく自分の心を移す鏡ですからね（笑）。九〇年代の沖縄ブームのときはいろんな店がとにかくボリュームに走ったんだよね。

藤井 その頃のガイド本とか見ると、やっぱりボリュームに憧れるんだよね。「カツ丼のカツが二重になってるぞ！」とか、若いうちはまずビジュアルに感動するんです。実際食ってみると相当まずいところが多い（笑）。僕の最初の沖縄の食べ物のイメージで首里そばに行くと「嘘つき！」って思うもん。「量が少ないじゃん！」って。

普久原 そういえば、那覇市沖映通りのラーメン店暖暮《だんぼ》★の前で中国人観光客が並んでいる光景をよく見かけるようになりましたけれど、沖縄そばの方はあまり人気ないんですかね？

藤井 いや、そんなことないんじゃないの。この前首里そばに行ったらいっぱい客が入っていたよ。でも、中華圏の人は案外白濁系の方が好きなんじゃないかな。アジア的な味ですよね。フォーを食べてるベトナム人とかも好きそうですね。肉がごろごろのった沖縄そばは台湾の屋台みたいな感じもするし。

仲村　八重山の沖縄そばは丸麵で、のび具合も台湾の麵とほぼ同じですよ。

藤井　そうなんだ。沖縄そばはけっこうグローバルな感じですよね。

仲村　じゃあ、ここらで、観光客にぜひ行ってもらいたいそば屋をあげてもらいましょうか。僕は3章でも紹介した普天間の嘉数高台の下にある3丁目の島そば屋。

普久原　僕は大里の玉家★が好きでしたね。薬味としてフーチバー（ヨモギの葉）を自由に足せるようになっているので、フーチバー好きの人にはいいのかもしれない。

仲村　あとは新都心のてぃーあんだ★かな。

藤井　僕がはじめの頃何度も通っちゃったのは我部祖河ですね。やっぱり肉にやられた（笑）。あとは松★の牛汁そば。味噌で牛の内臓を煮込むでしょ。あのスープごと麵にどーんとかける。これはうまい。この上にフーチバーを大量にのせて食べるんです。麵は普通だけど、味噌と煮込んだ内臓がうまい。

仲村　それは内臓を食べに行っているんで

てぃーあんだのそばを前にして満面の笑みの普久原氏

首里そばの県庁店（那覇）はホワイトカラーそばの代表だけあって、本当に役所の中にある

あって、麺類じゃないよ（笑）。

藤井　那覇のそばはやっぱり首里発の文化で、内地の料理と混じったものだと思うんだよね。

仲村　じゃあ、首里そば系はインテリそばだね（笑）。そして大衆食堂の波布食堂★をはじめとする肉体労働系が大盛りそば系……。

普久原　つまり、沖縄そばには「ブルーカラーそば」と「ホワイトカラーそば」のように棲み分けがあると。那覇のホワイトカラー系の沖縄そば専門店には作業着では入りづらいということですね（笑）。

第4章　普天間編　後編

神世〜王朝〜昭和・平成
世替わり街道まんだら

街歩きルート

首里
桃原
末吉宮

浦添
浦添ようどれ
当山の石畳

普天間
すずらん通り
ニュー普天間通り
バー CINDY

前回は宜野湾市の北部を中心にご紹介しました。この章では、まず宜野湾市の南に位置する浦添市から宜野湾市に向かって歩いてみます。浦添はかつての第一尚氏以前の王統の中心地です。古き王朝時代の由緒正しい史跡を眺めながら北に向かって歩き、歩き疲れたら普天間のおいしい食べ物屋さんやバーにも立ち寄ってみましょう。普天間には意外と隠れた食の名店が多いのです。ここでは、そんな名店や面白観光スポットなどをご紹介します。

首里桃原町から来た謎の女

仲村　さて、前回は普天満宮まで行きましたが、普天満宮を訪ねるときは、首里の桃原町も意識した方がいいですね。普天満宮洞穴に祀られている神様には由来があって、もともとはこの桃原に住んでいた娘だったんです。つまり桃原こそが普天満宮発祥の地というわけ。で、その娘は絶世の美女と評判だったのだけれど、機織りを生業にして一歩も外出しなかったらしい。霊感も強くて、父と兄を乗せた船が難破する予知夢を見たりしてうなされたりしていた。美女だったことに加えて神秘的な噂のせいで、村の若者はその娘に熱い想いを寄せていた。でも、彼女は決してその美貌を外の連中には見せなかったんだね。

藤井　そそるだけそそらせておいて……(笑)。

仲村　待たせ上手というか、寸止め上手というか(笑)。

普久原　ひきこもりで異能を持った主人公ですか。最近のライトノベルみたいな設定ですね。

藤井　設定とか言うなー(笑)。

仲村　娘には妹がいてすでに嫁いでいたのだけれど、その妹の旦那がどうしても美しいと評判の義姉を見たいという話になってね、妹に手引きしてもらって娘の顔を覗いたんだよ。顔を覗かれたことに気づいた娘は顔を隠しながら、末吉宮の森を抜け、普天間街道を走っている途中で神になって、普天満の鍾乳洞に吸い込まれるように入っていったというわけ。いわゆる美女の神隠し譚のたぐいですね。

普久原　末吉宮周囲の森を彷徨《さまよ》ったことがありますが、とても顔を隠しながら走れるような場所じゃないですよ。桃原町から普天間までは直線距離でも十キロほどあります。ひきこもっていたわりには彼女はなかなかのアスリートですね。

仲村　なるほど、言われてみればそうだなあ。でも、こういう神話は疑わずにひたすらありがたく拝聴すればすべて丸く収まるの！　神を相対化するのではなく、絶対化する。あるがまま受け入れ感謝することが信心です。

普久原　すみません。僕には信仰心が欠けているので、相対化することでしか当時の人々の世界観を想像することができないんです。あるがまま受け入れれば御利益があるんでしょうか？

末吉宮の拝殿の様子。琉球8社のひとつで、開基は
は 15 世紀中葉とされる

仲村　御利益があるとかないとかも考えちゃダメなの。安井金比羅宮もそうだけど、御利益を得るための信仰は高くつくからね（笑）。

藤井　末吉宮は何度も行きましたが、あそこを駆け抜けるとはサンカのように、風のように闇の中を走り抜けたのかな。五木寛之の『風の王国』（新潮文庫）の疾走感を思い出しますね。そういう話を知ってから末吉宮にお参りするとまた、あの人気のほとんどない鬱蒼《うっそう》とした木々の中を登っていくときの気持ちが違ってきますね。琉球八社はそういう物語を事前に頭に入れてから行くと楽しいですね。

当山の石畳と「神転ばし」の道

普久原　今回は浦添城跡★北側の浦添大公園★の端まで歩きました。

仲村　ここは当山の石畳と呼ばれているんだけれど、桃原町から普天満宮へ向かう普天間街道の旧観が残っている道でもあるんだよ。牧港川の谷間を進む急勾配の坂道だから「馬転ばし」とも

噂のひきこもり美少女が全力疾走した森

呼ばれていたらしい。

普久原　そんな別称まである急勾配の難所を彼女は顔を隠しながら全力疾走したんですか。途中で転んだら川まで滑落しかねませんよ。

仲村　神様だから転ばない（笑）。

藤井　ほとんど宙を舞っている（笑）。

普久原　地図を見る限りでは、浦添城跡から牧港に向けて崖状の急傾斜が続いていますけれど、どうやら活断層らしいんですよ。さすがに、この谷を駆け抜けるのは神様でも転びますよ。

仲村　どうしても転ばせたいわけね（笑）。

普久原　八百万の神より、太陽系第三惑星である地球の方が格上な印象を受けますからね。神様でも、怪我しますって（笑）。「神転ばし」というネーミングもありですよ。たとえ目隠し疾走を達成できても「よい子のみんなは真似しないように」という注意書きの看板が必要になります。

藤井　「絶対押すなよ」というダチョウ倶楽部のネタみたいになって、みんなが真似しそ

当山の石畳。古くからの石畳の残る風情のある道が素敵だ

浦添ようどれ。由緒正しい琉球王朝古来のお墓が並ぶ遺跡

うだね（笑）。とにかく歩いてみるとわかりますね。

仲村　さて、ここまできたからには浦添グスク・ようどれ館★にはぜひ寄ってほしい。前編でもお話しましたが、浦添ようどれは琉球王国の初期の王陵、つまりお墓ですね。一三世紀中葉に、英祖王が築いたものです。日本で言えば鎌倉時代。史書による琉球の歴史は舜天《しゅんてん》王統（一一八七年-）からはじまりますが、英祖王統はそれに続く王家で、実在した可能性が高い王統なんですね。英祖は浦添に勢力を持っていた豪族で、禅譲されて王位についています。

藤井　ということは万世一系ではない？

仲村　そう、この点が日本の皇室と決定的に異なっているんですね。琉球では民政を安定できない暗君は王位を剝奪されたり、一族も王位継承の権利を失ったりしました。つまり、中国と同じように易姓革命（徳を失った君主を天命により打倒できるという考え）で政権が交代する。英祖は鉄を輸入して鉄器を普及させて農業生産力を伸ばし、領民を豊かにした名君とされています。当時の世界帝国・元軍と戦って撃破したことが史書に記されていることから、並々ならぬ軍事力も備えていたようです。

その後、第二尚氏時代の一六二〇年に、浦添尚家出身の尚寧《しょうねい》王が改修し、王自身もここに葬られています。尚寧は薩摩に侵略されたときの悲劇の国王としても有名だね。ちなみに「ようどれ」とは琉球語の夕凪で、世をおだやかにするという意味が込められているようだけど、現実はそうはいかなかったというわけだね。岸壁に横穴を穿った墓が並んでいて、向かって右側が英祖王、左側が尚寧王の墓と言われている。遺骨を入れた甕《かめ》は中国産の石らしいから、海外交易で栄えた頃の琉球がしのばれる遺跡と言えるかもしれない。

普久原 浦添グスク・ようどれ館に英祖王の墓室内部が実物大で再現された空間がありましたね。崖下の自然洞穴を利用した掘込式の墓でした。もともと風葬の場所だった洞穴の表を石積みで塞いだ初期の形式です。建築的には英祖王の墓だけ小さな窓がついていて珍しいんです。当時は洗骨の慣習があるので外から遺体の状態を確認できるようにつけられたという説と、霊が下界の浦添を眺められるようにしたという説など諸説あって、まだまだ謎のようです。

沖縄の墓と言えば亀甲墓《かめこうばか》の方が有名ですけれど、これは中国との交流により福建省から伝わってきた形式です。一六八七年に建造された首里石嶺にある伊江御殿墓《いえうどうんばか》★が県内最古とされて国の重要文化財に指定されています。僕は中国にある客家円楼《はっかえんろう》を訪ねたときに、偶然に

沖縄の県内最古といわれる亀甲墓・伊江御殿墓

中国にある亀甲墓の祖型。沖縄のものとはだいぶ雰囲気が違う

も付近で亀甲墓の祖形を見たことがあるのですが、沖縄に伝来してからどんどん巨大化したらしくて、中国の亀甲墓は小さかったですね。

藤井　浦添ようどれは浦添城跡に併設されているわけですが、城跡もいいですね。なんと言ってもここは琉球王国以前の三山時代の中山の地ですから。琉球王朝と言うとすぐに王都は首里と思われがちだけど、黎明期は浦添からはじまったというわけですね。街歩きしながら、そういうロマンに浸るっていいなあ。

仲村　資源が乏しい島なので、交易品がものを言ったわけです。なので、王都は海に近い方がいい。浦添には牧港という良港があります。特に、琉球諸島は砂鉄が出ないので、耕地を広げ、生産力を飛躍的に増大させる鉄器は重要な輸入品目でした。英祖は港が併設している地の利を活かして盛んに鉄を輸入したのでしょう。まさに「鉄を制するものが国を制す」というわけで、琉球では鉄を加工する鍛冶屋は御嶽として祀られているところが多いんだよ。

普久原　藤井さんの那覇の仕事場近くにある金満宮★もたしか鍛冶工を祀った場所ですよね。

仲村　そう。僕は金満家になれる神様だと思ってよく参拝に行ったけど、あの金は鉄のことだということを後から知ってがっかりした。

普久原　しつこいようですが、御利益はあったんですか？（笑）

仲村　原稿料は上がらないしねえ。どんどん貧乏になっていく。浄財のぶんだけ高くついたかなあ（笑）。

藤井　近くに住んでいてたまに拝みに行くけど御利益ないなあ……。

普久原　ということは、金満宮は貧乏神なんだ。

東映ヤクザ映画『博徒外人部隊』のロケ地に潜入

藤井　さて、浦添ようどれからちょっと足を伸ばして和豪ホテル★も見に行きました。沖縄を舞台にした深作欣二さんの映画『博徒外人部隊』は、食い詰めた本土ヤクザの一家が復帰直前の景気にわく沖縄で一旗あげようとのりこんできて、沖縄ヤクザや不良米兵と闘って最

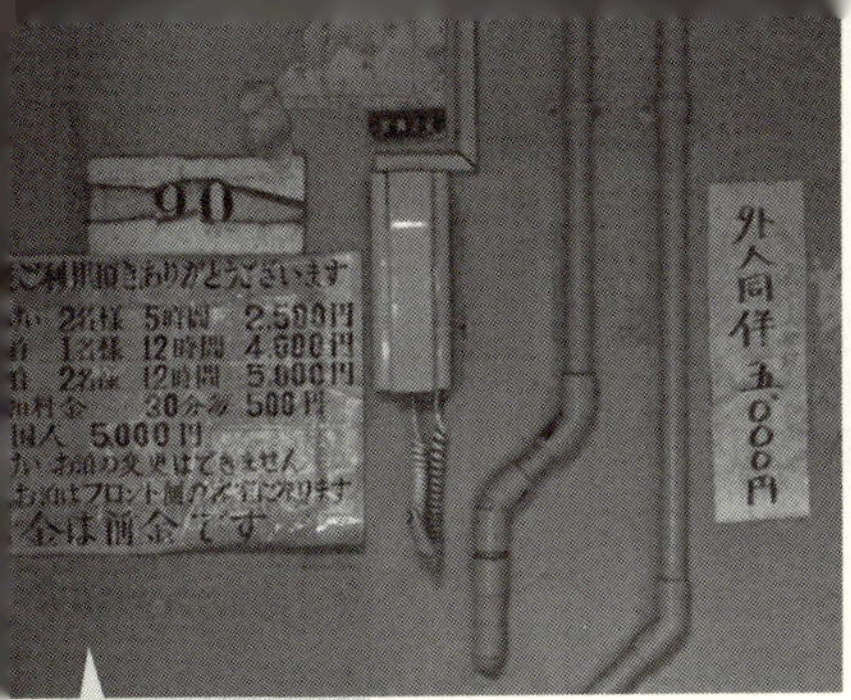

壁の貼り紙に「外人同伴五〇〇〇円」の文字が見える

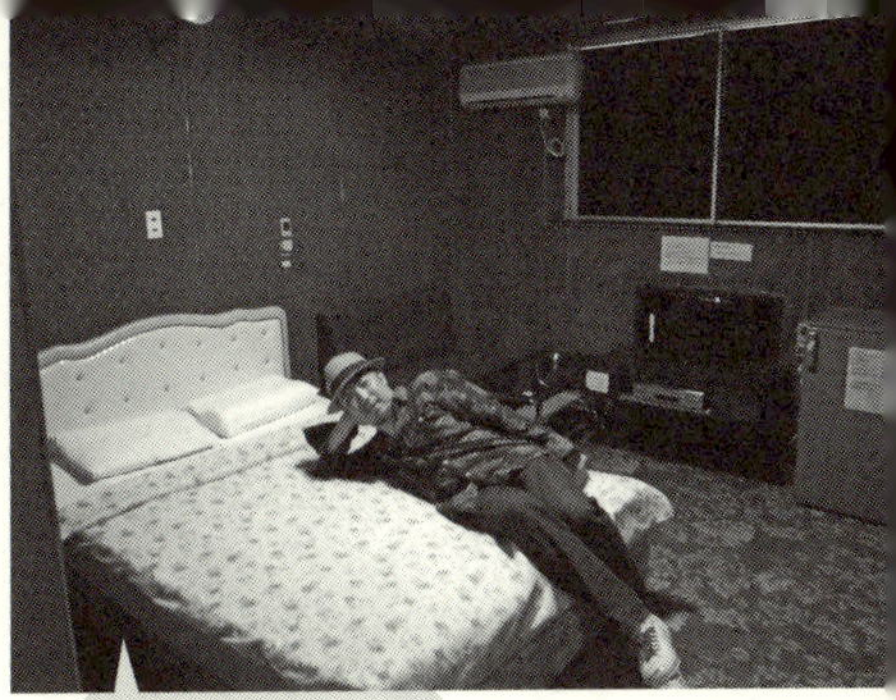

和豪ホテルのベッドで寝そべる藤井氏

後は散っていくという物語です。もちろんフィクションですが、復帰前の沖縄の空気を知るために重要な街の実写シーンがものすごく盛り込まれていて、沖縄の「戦後」の空気や社会構造を知る上では面白い作品だと思います。そのロケ地の一部として使われたのがこのホテルです。外観は少しだけ改装されましたが、ほとんどそのまま残っています。

仲村　藤井さんがいきなりアポなしで入っていって、従業員のおばちゃんに頼み込んで中をくまなく見せてもらうことができました。まさしく飛び込み取材ですが、考えたらラブホテルでしょ。客がいたらどうなっていたのかなあ。

藤井　「201号室は使用中ですから」とか言われたりして(笑)。それにしてもホテルの中は時間が止まったみたいでした。内装や調度品は多少のリニューアルはしてるけど、ほとんど当時のまま。

仲村　うーん、男のリビドーがうずくなあ。料金表に「外人同伴五〇〇〇円」とあった。米軍統治時代の名残なんだろうけど、あれはどういう意味なんだろうか。

普久原　おそらく、やたら事件を起こすということで追加料金対象になっていたのだと思います……。かなり昔の貼り紙がそのままになっているのでしょうけど、いまの人権感覚からすると、ちょっと危ないですね。特飲街も当初は米兵犯罪が横行したので「性の防波堤」目的で建設されていますけれど、米兵相手で儲からなくなると、地元民や日本人観光客相手に変更した場所もあったようです。

藤井　『博徒外人部隊』でリアルだったシーンは空手のシーンですね。今井健二さんが演じた沖縄ヤクザの「狂犬ジルー」は、ネーミングからしてやりすぎだと思いますけど……。

仲村　映画の中で次郎という名前を沖縄言葉の読みにしようと「ジルー」と呼んでましたね。沖縄言葉では「ジラー」という呼び方が正しいんだけどね。

藤井　仲村さん、映画を観ながらバツが悪そうにしてましたね（笑）。

仲村　いやあ、言葉の壁ってあるんですね。無理して使われている沖縄の言葉が痛々しく

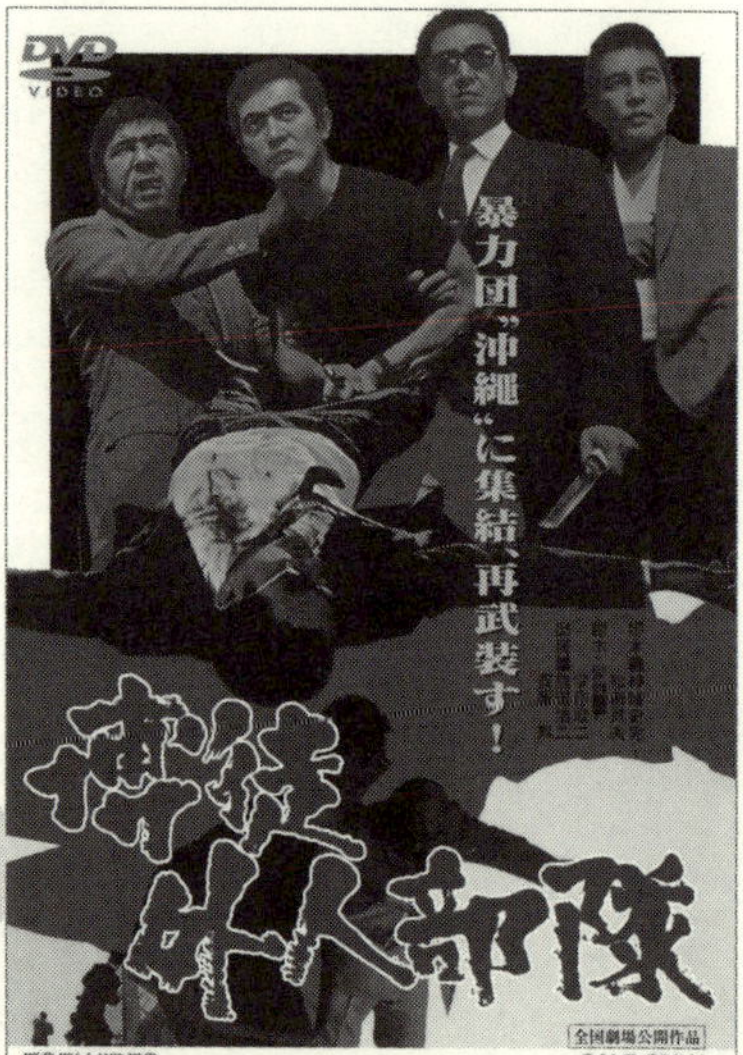

深作欣二『博徒外人部隊』（東映）

て、思わず精神安定剤を飲んでしまったよ。他にも、「お兄さん」は沖縄方言で「ヤッチー」でしょう。映画の中では「ヤチ」でした……。沖縄言葉がきちんと指導されていない（笑）。

藤井　と言うか、間違い探しで笑えてしまえる映画（笑）。

仲村　当時の沖縄の人はあの言葉の誤用をどんなふうに見ていたのかなあ。いつ頃の映画なんですか？

普久原　一九七一年の東映の映画らしいですね。

藤井　どちらかと言うと復帰前の沖縄の風景が多いので、僕はドキュメンタリーとして受け止めていた。

普久原　けっこう、街の雰囲気を見せるために、主人公たちが彷徨うシーンが多かったですね。ちゃんと沖縄でロケをしているんで資料価値もありました。

仲村　それにしても、「てめぇこの野郎！　ウチナーはヤマトンチュが嫌いなんだ！」「だからやっさ」というセリフはねえ。誤用というより、無理がたたりすぎた言葉遣いだね。

藤井　若山富三郎さんに狂犬ジルーが言うセリフですね。しかも若山先生は充分顔が濃いのに無理矢理に沖縄人を演じようと眉毛をつなげていましたけど、あれはあきらかにやり過ぎで、いくら毛の濃い沖縄の人でも、あれだけの眉毛の人はいませんから……。

普久原　あれは誤解を生みますよね（笑）。

藤井　なおかつ、ヤクザらしさを演出するために顔に傷痕まで入れてますから。

普久原　映画ではすべて那覇での出来事として描いてましたけど、背景のシーンはコザが多かったですしね。

仲村　もうひとつ、突っ込ませてもらうと、勢力争いしているクラブの店名が「ガジュマル」なんだよね。精神安定剤を飲まないと気分が収まらない（笑）。

普久原　よくそんなところ覚えていましたね。でも、違和感の部分は抜きにして、ヤクザ映画の様式美の部分はすごく面白かったですね。水戸黄門のようなもので、正直、ストーリーはある程度は先読みができてしまうにしても、映画的高揚を感じさせる印象的なシーンが多々ありました。

藤井　僕が観て「なるほど」と思ったのは登場するアフリカ系アメリカ人のかっこうや髪型です。復帰前は黒人街として有名だったコザの照屋の当時の写真を見ると、写っている黒人兵たちが民族衣装っぽい生地でシャツをつくったりしてるんです。いまの黒人は完全にアメリカ人になっているんだけど、昔はアフリカ人スタイルなんですよ。髪型からしてぜんぜん違う。きっと当時の米軍の中にも白人からの差別に抵抗してブラックパワーを体現していくという空気が強かったんだと思います。

仲村　『博徒外人部隊』を観れば「黒人のすべてがわかる」（笑）。

藤井　本土から来たヤクザと沖縄にいる外国人マフィアの交渉シーンがあるのですが、相手方のマフィアの黒人がそうなんですよ。その後、交渉決裂でいきなり撃ち合いがはじまりますが、あんなこと絶対にありえませんから（笑）。

普久原　MP（Military Police）と警察に全員逮捕拘留されますね（笑）。

仲村　もはや喜劇の域に達している。

藤井　いろいろ意見はあるみたいだけど（笑）、まあ、とりあえず観た方がいい映画ですよ。『博徒外人部隊』はある程度の沖縄ヤクザ抗争史を知らないと深く楽しめないね。

普久原　『博徒外人部隊』のモブも、本職の方々を起用されてたりするんですか?

藤井　たとえば、安藤昇さんは渋谷の愚連隊から組織した安藤組を経てデビューされた役者です。当時の映画興行の母体はほとんどがヤクザなので、『博徒外人部隊』でも、おいしいシーンには必ず安藤昇さんが絡んでたでしょ。

仲村　映画『ドーベルマン刑事』も監督が深作欣二さんです。この映画では千葉真一が演じる石垣島出身の刑事が子豚を連れて新宿を歩くんです。なぜか貝占いができて行方不明の女を捜し当てるのですが、二言目には「たっくるす（ぶっ殺す）」と叫んで、軍用拳銃で悪党を退治するんだね。そんな沖縄人がいたら、東京に行く前に那覇でパクられてますよ。深作欣二さんは話を盛りすぎだよ（笑）。

藤井　世界ではじめてヌンチャクが映画に登場したのは『武士・松茂良《まちむら》』という空手使いが主人公の沖縄映画だそうです。

仲村　ヌンチャクと言えば『燃えよドラゴン』が有名ですが、実際はブルース・リーのようにハデに振り回す武具ではなく、実践の型はわりと地味なようですよ。

藤井　僕はコザのゲート通りにあるインド人が経営しているボンベイテーラーズ★でスーツをオーダーしたついでに、並びにある一本堂★に入ってトンファーを買ったんですよ。そのとき、店主にはヌンチャクも勧められましたね。それと、三叉の釵《さい》も勧められた。

普久原　あれは刺さったら確実に死にますよ。

藤井　あきらかに銃刀法違反じゃないかと思ってしまう形状ですよね。でもプラスチック製なんですよ。

普久原　じゃあ先が丸くなってたりするんですか?

藤井　尖ってます。

深作欣二『ドーベルマン刑事』（東映）

トンファーを構える半裸の藤井氏。通行人はみな視線をそらしていた

普久原　充分危ないですよ（笑）。

普天間のすずらん通りから戦後復興に思いを馳せる

普久原　ところで、普天満宮前の三叉路の国道三三〇号線から西側の角の一帯は、一九五三年頃に米軍から開放されたので新開地と呼ばれていました。都市計画上も商業地化を目的とした地域になっていたようで、敷地いっぱいに建物が建っていてちょっと窮屈そうな感じでしたね。当時の新聞（一九五六年一〇月四日付沖縄タイムス）を見ると、「一年足らずで一つの区域に三百軒余の本建築物が都計に基づいて整然と建ち並ぶ」「コザ市を凌ぐ、繁華街が出来る」とも言われていて、すずらん通り一帯は米兵向けの特飲街として賑わっていたようです。

藤井　さっき、「SHINKAICHI YOKOCHO」のペイントが微かに残っている壁がありましたね。

普久原　資料などを読んでいると、五〇年代は行政が頼りないからなのか、住民同士で委員会を設立して区画整理をしている例がいくつかありますね。この普天間の新開地側の区画整理も民間で行ったようです。普天満宮前に当時の交通の要であるバス停留所があったので、碁盤目状の街路に対して斜めにメインストリートを通すようにして来客を奥まで導く計画になっています。

仲村　だから、やたらと三叉路が多いんだね。このすずらん通りのつきあたりは五つの路地が交差しているので地元の人に「五叉路」と言われているらしい。

普久原　Y字路の多い計画は自動車交通を考えた場合、優先順位が不明確になり事故の危険が増えるので最近の都市計画では好まれません。当時、歩行者を前提として計画されていて、自動車がここまで普及するとは考えられていなかったことが読み取れますね。

仲村　なるほど。老舗の三角食堂はまさにY字路の突端にありますが、この付近は、車で通るときに割り込むタイミングに困るからなぁ。

藤井　そうか普天間を歩いていると、五叉路とか、やたらに放射状になった道が多いなあと感じるのはそういうことだったのか。

普久原　まあ、三叉路、五叉路マニアにはたまらないですね。

普天間のＹ路地にある老舗食堂・三角食堂

かつての新開地横丁の痕跡を残すペイント

普天間のかつてのメインストリートすずらん通り

実は、小ネタとして、当時メインストリートに位置づけられていたすずらん通りについて調べてきました。「ブックパーリーnaha2013」というイベントでボーダーインクの新城和博さんが、『商店街はなぜ滅びるのか』（光文社新書）の著者・新雅史さんを招いて講演会を開かれたのがきっかけです。そこで新さんが「沖縄にも、すずらん通りってありますか？」と尋ねていたのが気になって調べたのですが、沖縄で一件だけ該当したのがこの普天間の新開地でした。

仲村　「すずらん通り」という名前は全国にあるらしいね。

普久原　その通り名のほとんどが、かつてすずらん型の街灯を設置していたことの名残なんですよ。

仲村　街灯が通り名の由来になっていたのか。そいつは知らなかった。

普久原　このネタについて一番詳しく調査されているのは、二〇〇九年五月二六日付の日経新聞に寄稿されている藤原工さんの記事（「幻の『すずらん灯』輝け」）ですね。

藤井　すごいなぁ。すでに詳しく調査してる人がいるんだね。記事を見ると「初めてすずらん灯がともったのは大正一三年（一九二四年）一〇月一四日夜、京都の寺町通り」となっている。そんなに古いのか。

仲村　「考案者は国会議事堂の設計にも関与し『関西建築界の父』といわれる建築家、武田五一。京都電灯（現関西電力）に、新しい街灯の設計を依頼されたのが始まり」となっているね。那覇編にも出てきた戦前の旧那覇市庁舎の設計者も武田五一だよね。

普久原　そうなんです。だから建築史的にも重要なネタなんですよ。武田五一の設計した戦前の旧那覇市庁舎の建っていた街路（大門前通り）は、旧那覇市でも一番の繁華街だったのですが、実は、その街路にもすずらん灯がともっていました。本土のすずらん灯ほど豪華ではありませんけれどね。当時の雰囲気を知りたい人には、那覇市歴史博物館に完成度の高い大門前通りの復元模型があるのでお勧めです。ぜひ、街灯にも注目してみてください（笑）。

戦前はとにかくすずらん灯が全国的に流行したようで、沖縄からの移民も多かったテニアンにもすずらん通りがありました。そのメインストリート沿いには沖縄芝居の劇場もあったようですよ。

仲村　街灯に着目したことはなかったなぁ。さすが建築家は目のつけどころが違うね。

普久原　僕の調べた限りでは戦後も、那覇の神里原、栄町、他にもコザのBCストリート（現中央パークアベニュー）や名護十字路などにも設置されていました。復興の早かった場所ほど、す

当時の普天間のすずらん通りの様子。よく見ると街灯はすずらん灯ではない（写真集『ぎのわん』より／沖縄県宜野湾市立博物館提供）

当時の那覇、大門前通り。写真中央の三つの電燈が連なっているのがすずらん灯（那覇市歴史博物館提供）

ずらん灯を設置しているんですね。沖縄は戦争ですべて失ってしまいましたから、過去の記憶も相まって夜の街路が照らされることへの文化的憧れが強かったと思うのです。普天間新開地の都市計画委員会の方々も当初からすずらん灯を設置する予定を掲げていて、一九五八年一一月九日に公募により「すずらん通り」と命名しています。

仲村　この街の知られざる歴史ですね。

普久原　それで、これが僕の見つけた一九六九年の普天間すずらん通りの写真（左上）です。

藤井　これって、すずらん型じゃないよね（笑）。

普久原　僕もズッコケたんですよ（笑）。戦後沖縄の電力復興史とかも調べて「胸が熱くなるな」と思っていた矢先だったので……。この蛍光灯型の街灯を「すずらん灯」と称している当時の新聞記事も見つけたのですが、どう見ても違う。普天間のすずらん灯に関しては、僕の調査が足りなかっただけであることを祈るばかりです。

仲村　謎が増えてしまったね。

普久原　写真等で年代を追う限りでは、沖縄ですずらん灯が設置されていたのは六〇年代前半までなんです。沖縄の場合、台風に弱く割れやすいですし、白熱球は寿命が短く消費電力も大きいので、蛍光灯やナトリウムランプなどが普及する六〇年代半ばからすずらん灯は設置されなくなっていますね。

仲村　街路の名称だけが残ったんだなあ。

普天間の昭和食の名店たち

普久原　ところで、普天間三区の新開地側を歩いていて公園と御嶽がまったく見つからないことに気が付きました。沖縄では、だいたいどこに行っても御嶽や公園があるんですけどね。ニュー普天間通りのある旧市街地の普天間一区付近には公園も御嶽もありました。やはり戦後に造成した新開地には聖地的な場がないんだ……と。

仲村　新開地側は、もともと畑地か荒地の何もないところに新たにつくった街だったのだろうか。

普天間の飲食店・ニュー割烹。割烹なのか居酒屋なのかよくわからない仕上がりになっている

普久原　ニュー普天間通りを歩いていたら、「ニュー割烹★」という看板の店がありましたね。本土で「割烹」というと高級そうなイメージがあるのですが、沖縄の場合、受けるニュアンスが違いますね。

仲村　復帰前の沖縄には居酒屋がなかったので、沖縄料理を出す割烹や料亭が飲み屋代わりによく使われていたんです。那覇の竜宮通りは桜坂社交街のバーに繰り出す前段として、割烹や料亭が軒を連ねていたらしい。当時の琉球政府の接待処としても利用されていたそうです。辺野古にも割烹オーシャンという店があって、けっこう繁盛したらしい。

普久原　なぜ、その二つのキーワードをくっつけようと思ったのか……（笑）。居酒屋といえば、本土復帰後に沖縄に進出したチェーン店の「養老の瀧」が目新しかったという話を聞いたことがありますね。しゃもじで配膳する炉端焼形式のお店が珍しくて記憶にとどめている人が多かったそうです。

藤井　普天間でいご通りも歩くと楽しいですね。普天満宮から国道五八号に続く県道八一号のことを言うのですが、アンティークの家具屋さんとかいろいろあります。ところで、普天間に来たらさっきも話に出た昭和の名食堂、三角食堂ですね。

仲村　昼は一九六五年創業の三角食堂で食べて、一九七一年創業の普天間コーヒーシャープ★で一休みして、ホルモン焼きサクラ★で焼肉でビールをうぐうぐやるのがゴールデンコースです。

藤井　お弁当にしてもらった三角食堂のカツ丼うまかったなあ。野菜がカツの下に敷きつめてあって、上にカツがのってる。

普久原　意外と普天間には名店がありますね。

仲村　沖縄のカツ丼は玉子でとじる煮カツでないところが多いんです。野菜炒めをご飯とカツの間に敷いて、カツをバスンとのっける。ウスターソースをかけたり、揚げたてのカツにタレを染みこませていることが多いですね。煮カツタイプは関東が中心で、全国的に見てもソースカツ丼の方が主流。沖縄

コーヒーシャープ。一見ただの古くさい珈琲屋だが復帰前から営業する大衆食堂の老舗

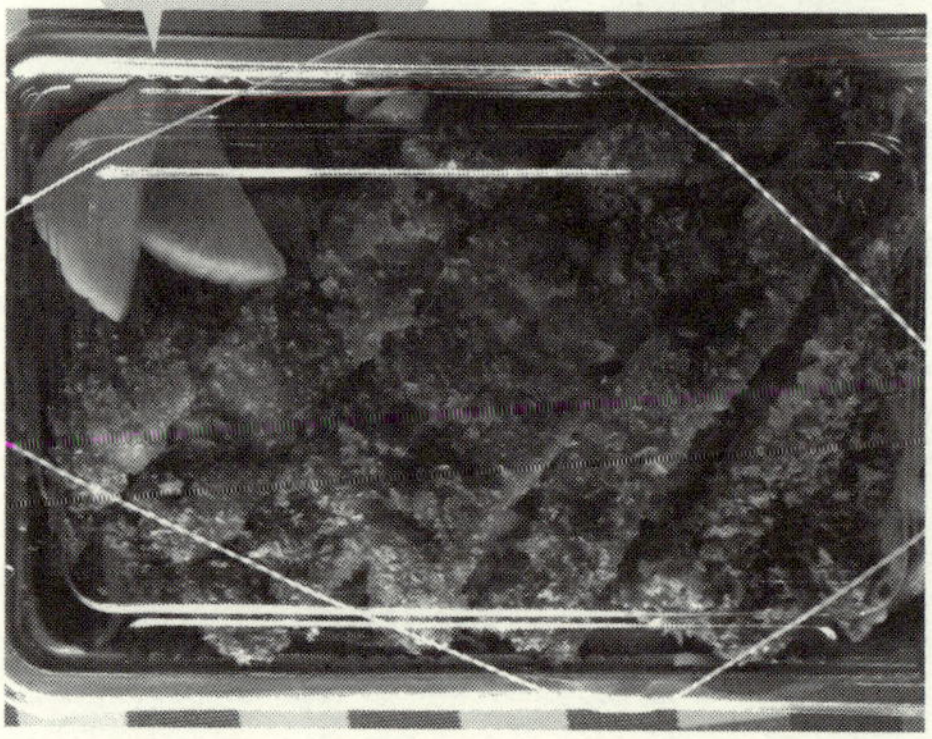

三角食堂のカツ丼弁当。なんとカツが二重になっている

もどちらかと言うと後者かな。野菜炒めをはさむのは沖縄ならではの特徴だね。

最近の沖縄では、ホルモン焼き屋が増えていますね。僕らの場合、那覇では泊にある串豚★を利用することが多い。立ち呑みスタイルなのですが、僕らの会議室代りで飲み食いしてお世話になっています（笑）。

藤井　そうですね。普天間のホルモン焼きサクラはシャッター商店街化した中にポツンとありますが、ここにはアグーのホルモンが充実しています。アグーは有名な在来種の豚でいまやすっかり有名ですが、アグーの内臓を食わせる店は実はほとんどありません。牛で言えば「松阪牛のホルモン」みたいなもんです。この店でアグーのテッポー（直腸）を食べてビールで喉を潤せば街歩きの疲れもとれますね。

仲村　やんばる若鶏の丸焼きを出すブエノチキン★もあるし、普天間は食が充実している地域ですね。なにかと基地問題だけが話題になりますが、素通りするのはもったいない街です。

バーCINDYには絶対行くべし

藤井　普天間すずらん通りにあるバーCINDY★は最後のAサインバーと言われています。バーとしてずっと続いているのは沖縄ではここだけですし、いまは娘さんが主に切り盛りされていますが、オーナーの長堂清子さんも店で一緒に立っておられますから、ベトナム戦争時の米兵の様子などをお伺いしたら面白いと思います。

オープンは一九七〇年。アメリカの占領政策の一つの象徴である、米兵の性病防止・衛生管理のためのAサイン制度はどんどん締めつけが強くなっていくんだけど、それをクリアして生き残ってきたという意味でも貴重です。夜の世界で米兵を相手に切り盛りしてきた長堂清子さんならではの「戦後史」が聞けて、勉強になると思います。

普久原　那覇編でもAサインレストランについて話題になりましたね。ちょっと補足すると、Aサインというのは「Approved（許可済）」の頭文字で、「一定の衛生基準を満たしているので米兵や軍属が入ってもよい」という認可を受けた店のことです。レストランなどの飲食店だけでなく、風俗営業の店にも米兵の性病管理のために義務付けられていました。

一九五三年からはじまって一九五八年に一度制度を廃止するのですが、一九六三年より本土復帰まで新制度として再実施されています。アメとムチの喩えで言うと、特定地域や店舗への米兵の立ち入りを禁ずるオフリミッツがムチならば、Aサイン制度はアメとして、米軍による沖縄占領統治のツールとして利用されたというのが研究されている方々の統一的な見解のようですね。近年は米兵犯罪などで基地外出禁止令が出ても、措置緩和のために住民が

バーの壁にびっしりと貼りつけられたドル札。当時のAサインバーの雰囲気が色濃く残る

バー CINDY でしっぽりと飲む三バカトリオ。左から藤井氏、普久原氏、仲村氏

解除を陳情するニュースを聞かなくなったところに時代の変化を感じます。

藤井　CINDYの特徴は、なんと言っても戦地に赴いた兵士が名前を書いたドル紙幣を天井や壁に貼り付けていった痕跡です。現在も当時のまま残っていましたね。見ていると当時の喧騒やら狂乱ぶりが目に浮かんできそうです。

普久原　やはり壁や天井に所狭しと貼り付けられている紙幣の数々は印象的でしたね。僕も旅行で使い切れずに残っていた外国紙幣を偶然持っていたので、名前を書いて貼ってきたのですが、有効利用できて嬉しかったです。金銭的な価値以上の紙幣の使い方ができたと感じたのは初めてでしたね。

ともかくCINDYのように往年の雰囲気を残した店はきわめて珍しいです。開店時期の都合で、沖縄県公文書館で見つけた一九六九年のAサイン許認可店リストに残念ながらCINDYは載っていませんでしたが、名付け元となった同名店が波之上にあったというエピソードを伺うことができて面白かったです。

藤井　ところでCINDYのみなさん、普天満宮洞穴について知らない方が多かったですね。ママさんも入ったことないって言ってましたから。

仲村　先もふれたけど、東京人が東京タワーに行かないように地元の人たちは社殿には参拝するけど、もともと本殿があった洞穴には足を運ばないんですね。そもそも洞穴が話題になることもないと言っていました。普天満宮の縁起も伝わっていないようだし、ここでも信仰の形骸化が進んでいるのかもしれない。

藤井　CINDYはオープンが二〇時でしたね。お昼から歩いて夕方に食事して、その後楽しく時間をつぶせる街はそうはないよ。

普久原　僕らは店が開いてから、一番の客だったので、客の数以上に従業員がどんどん増えるという面白い体験ができましたね。あれはちょっとしたコントのようでしたよ。最終的に四人の客に対して、ママさん含めてお店の人が七人いる状態になってましたから（笑）。あれだけ従業員の女性を雇って、あの面積が客でいっぱいになるって、繁盛しているんでしょうね。那覇でもあんな感じのお店はないと思いますよ。

仲村　昔からあの形態で商売していたのか、知りたいところだね。

藤井　CINDYはもう一回行ってみたいな。でも、どこか泊まる場所を確保しないといけないかな。朝方まで開いてるって言っていましたよ。僕らの来た時間では早すぎてお客がいなかったたってことなんでしょう。深夜二時頃から客が増えだすって言ってましたよね。毎日深夜二時、三時が盛り上がるとは思えないんだけど。

普久原　たしかに、「沖縄の夜は長い」といっても、ちょっと長すぎですね（笑）。

ウチナーンチュの半分は沖縄のことを知らない

コラムニストで映画評論家の町山智浩さんの『アメリカ人の半分はニューヨークの場所を知らない』（文藝春秋）という本がある。『ナショナルジオグラフィック』の二〇〇六年の調査において、地図を見てニューヨーク州の場所を示せないアメリカ人が五割もいたという話からはじまる。同じような調査を日本でおこなったとして、東京都の場所を聞いて沖縄県を指差すような人は少ないだろうから驚きの話である。

そんなある日、ファストフード店で休んでいたところ、隣のブースの女子中学生二人の会話が聞こえてきた。「少女時代かっこいいよね」「そうだね」「でも、最近、何かと韓国とも関係が微妙じゃない？」「うん、うん」「えーっと……」「ああ、知ってる……なんだっけ？」と世間話をしている。大人同士の政治的ないがみ合いをK-POPアイドルグループのパフォーマンスを楽しんでいる中学生までもが憂慮してるのだなと思ってコーヒーを口にしたところで「思い出した！」と中学生の一人が声をあげた。

「竹富島じゃない？」

おい、おい、竹島だよ。竹島――――！　と声にならないツッコミが頭を駆け巡り、一人悶絶してのた打ち回るのだが、彼女らは竹富島の回答に納得したようで別の話題に移っていった。

でも、もう少し冷静になって、沖縄生まれ沖縄育ちの自分も他人を笑えるほど沖縄のことを知っているだろうかと考えてみた。たとえば、『本土の人間は知らないが、沖縄の人はみんな知っていること』（書籍情報社）という沖縄の米軍基地を案内する本があるが、恥ずかしながら那覇市民である僕はそのほとんどを知らなかった。他にも、中国がたびたび領有を主張してくる尖閣諸島を地図ですぐ指し示せるだろうか、政治的な係争地の話だけでなく歴史や地理もあやふやで……あれ……？　だんだんと心許なくなってきたぞ。

自身の無知を嘆くより、発見することを楽しもうと思い至ったのは街歩きを通してだった。他人にとって既知のことでも、自分にとっての「発見」と感じられるような瞬間があったりする。また、生まれる以前の歴史を感じつつ歩くときは地元に居ながらにして観光客のような気分を味わえる。頭では知っているつもりでも訪れたことがなかった場所に実際に行くと、また新たな知らないことを発見することもあった。どうもそんな再発見を楽しんでいるのは僕だけではないようで、最近は那覇市においても「まちま～い」と呼ばれるガイド付きの街歩きが人気になり、『那覇まちま～いの本』（ボーダーインク）という県産本まで刊行されている。

もともと建築の仕事柄、敷地を含めた周辺環境を調べたりすることが多く、大学生時代にも集落の御嶽調査などの課題で街歩きすることが多かった。社会人になってからは、飲食店をハシゴしながらスージぐゎーを歩くなど先輩方に夜の街歩きを教わった。

建築学においても、考現学や路上観察学会のような系譜があり、名も知れない人々が街中で創意工夫を実践し形作るものをありのままに記録する活動がたびたび流行する（ちなみに本書のタイトルは、その路上観察学会の中心人物だった故・赤瀬川原平さんと山下裕二さんとの共著シリーズへのオマージュとなっている）。

そういったものの影響を受けた僕も、最初はあまり深く考えずに面白いと思ったら写真を撮ることからはじめた。

だんだんとわかってくることは、街歩きの楽しみ方は懐が深く、様々な視点を受け入れてくれることだ。建築という関心から出発して、ただひたすら写真を撮るだけの街歩きも、次第に様々な人に出会って別の見方を教わったり、複数の道具を組み合わせて工夫したりするようになってきた。

そんなときに藤井誠二さんと知り合って一緒に街歩きをするようになり、そこに仲村清司さんが加わった。三人の出会いの話は、まえがきとあとがきに譲るとして、藤井さんからは本土のまれびとの目線には沖縄がどのように映るのかということを教わったし、地元民以上に沖縄に詳しいウチナーンチュ二世の仲村さんからは、沖縄と沖縄以外というような二者に分けられない立場からの見方を教わった。他にも多くの人に出会い、同じ場所を訪れても目線の違いでここまで世界が異なって見えるのかと驚かされた。

気づけば街歩きへのアプローチの種類も増えてきた。図書館で由来を調べる。過去の新聞記事を探す。古い地図を手に入れる、と徐々に段階を踏んでいった。最近は、GPSでその日歩いた経路を取得する。ウェブ上でオープンデータを入手して地理情報システム（GIS）で古地図と現在の地図を合成したり、地形を確認する。タブレットPCに入れた古地図上でGPSにより現在地を確認しながら歩く、というようなことまではじめだした。デジタル技術の進歩のおかげで、誰でも低予算で活用できる時代になっていることを実感している。

現地を訪れて再発見したことや疑問に感じたことに動機づけられているのだと思う。いまでも沖縄のことをよく知らないのだけれど、少なくとも、街歩きをして人に話を聞いたり調べたりすることで、何を知らないかを知るようになった。

普久原朝充

第5章　コザ編

特飲街、米兵どもが夢の跡

街歩きルート

南の玄関口
イオンモール沖縄ライカム
プラザハウスショッピングセンター
諸見百軒通り

北の玄関口
銀天街
照屋黒人街

嘉手納基地第二ゲート前
八重島（白人街）
中央パークアベニュー
ゲート通り

コザ周辺の旧特飲街
北谷町謝苅
うるま市具志川
うるま市石川

沖縄市は沖縄本島の中部に位置する都市です。一九七四年に旧コザ市と美里村が合併して沖縄市という名称になりました。この章では旧コザ地区を中心に探索をおこないます。コザは嘉手納基地と隣接する地域で、戦後から「基地の街」として知られており、かつては行き交う米兵でたいへんな賑わいでした。一九七〇年に交通事故を起こした米兵への抗議をきっかけに起こった「コザ暴動」の地としても有名です。コザは基地とともにある沖縄の空気を感じる上で、欠かすことのできない地域です。コザの街を沖縄戦後史の「生ける史跡」として歩いてみましょう。

コザの玄関口はどこか?

藤井　コザ（沖縄市）に初めて来たのは一九九〇年代の半ばぐらいで、デイゴホテル★に泊まりました。いまは建物は新しくなっていますが、もともとは米軍御用達のホテルで一九六六年につくられました。夜、チェックインして、部屋の調度品や雰囲気でここは那覇とはぜんぜん違うと思った。

ここのホテルマンの故・宮城悟さん（両親がホテルを開業）の書いた『哀愁のB級ホテル』（燦葉出版社）を読むと一九七二〜三年頃が黄金期だったみたいです。ベトナムから米軍が撤退するということで米兵の緊張が一気にとけて、夫婦や家族で移動することが増え、米軍家族向け住宅の空き家待ちの人々が連日宿泊したそうです。往時の「アメリカ世《ゆー》」（アメリカ統治時代）をしのぶためにも『哀愁のB級ホテル』を読みながら、

宮城悟『哀愁のB級ホテル』（燦葉出版社）

いまのデイゴホテルに泊まるのもいいかもしれません。ホテルでは民謡クラブなど、その日のイベント情報も教えてくれます。

仲村　デイゴホテルは「上質のB級」が売り文句のホテルで、ベッドやバスタブはアメリカ仕様。思えばコザフリークたちの定宿的存在だったね。何を隠そう、僕もコザの熱狂的信者で、二〇〇〇年前後の沖縄ブームの頃は週末になるとコザに出かけていたんですよ。

コザと北中城村《きたなかぐすくそん》の市境はライカム交差点あたりだけど、僕にとってのコザの始発点は国道三三〇号線をさらに北上したところにある、諸見百軒通りあたりからです。

藤井　米兵相手だった店が林立しているあたりですね。

仲村　そう。いまはすっかり寂れているけど、当時は米兵相手のレストランやディスコのネオンがギラギラしてましたね。米軍関係者の車両である「Yナンバー」の車も諸見百軒通りから多くなるし、酔っぱらった米兵が奇声をあげたりして、那覇とはまったく異なる雰囲気のアメリカタウンでした。

現在の諸見百軒通り。かつては賑やかだった通りもいまは寂しげな表情を見せるばかり

米統治下の当時のコザの街。米兵の車でごったがえしていた（『大琉球写真帖』〔大琉球写真帖刊行委員会〕より）

藤井　もともと百軒ぐらい、飲み屋やバーなどがずらりと並んでいたんですね。僕がこの通りに初めて来たのは二〇年以上前ですが、まだ数十軒が営業していたと思います。いまは一〇軒あるかないかの寂れた通りになってしまいました。

かつてアメリカ占領時代にオフリミッツを受けた地域名を調べていたら、ここの名前が出てきましたから、当時、相当米兵御用達の店が軒を連ねていたのでしょう。夜に来てどこかのスナックにでも入って昔のことを聞いてみるといいかもしれませんね。

普久原　一九五六年九月二八日付の沖縄タイムスの記事（「盛り場の実態」）にも「コザの表玄関は諸見大通りである。戦後中部の盛り場はどこもそうだが、軍用道路に沿ってアッという間に膨張したというのが実情、とりわけ諸見大通りはその代表的な繁華街といえる（中略）三万坪の商店街、奥行きはないが、道に面して長く延びているこの通りは、近く外人商社まで会員に含むという大規模な組織にまで発展、中部随一の幅の広さを見せている」と書かれていますね。

文中の「諸見大通り」というのは、厳密には百軒通りに平行して通っている国道三三〇号線のことです。復帰前までは軍道五号線、現在はサンサン通りと呼ばれていますね。

仲村　その記事の「外人商社」というのは一九五四年にオープンしたプラザハウスショッピングセンター★のことだろうね。

普久原　先ほどの記事には「外人商社プラザーハウスやロジャースなども通り会員に含む話合いを進めており……」ともあるので、間違いないですね。どこからどこまでがコザを指しているのか地元の方同士でもよく意見が異なりますけれど、僕はプラザハウスあたりからコザに来たという意識になりますね。

一般的にショッピングモールは自動車交通を前提として郊外に建てるのが主ですから、建設当時のプラザハウスもコザの境界という位置付けだったんじゃないかと思います。当時、車を利用できる人も限られていたので、主に米国人向けだったのでしょう。

仲村　おそらく、日本初のショッピングセンターだよね。本

当時のプラザハウスショッピングセンター（キーストンスタジオ提供・那覇市歴史博物館所蔵）

現在のプラザハウスショッピングセンター

土で最初のショッピングセンターは一九六四年にオープンしたダイエー庄内店（現ダイエーグルメシティ庄内店）か、公式には一九六九年に東京都世田谷区にオープンした玉川高島屋ショッピングセンターという二つの説があるね。

藤井　二〇一〇年にその日本初のショッピングセンターから交差点をはさんですぐ隣に、イオングループが沖縄最大のリゾート型ショッピングモールを建設したということにも歴史の因果みたいなものを感じますね。もともとは米軍専用ゴルフ場だった泡瀬ゴルフ場跡地です。それも、「イオンモール沖縄ライカム★」という名称なんですよ。着工時の仮称は「イオンモール北中城」だったみたいですが、ご存じのように、「ライカム（Rycom）」とは、かつて北中城村比嘉地区に置かれていた琉球米軍司令部（Ryukyu Command headquarters）の略です。国道三三〇号には「ライカム交差点」がありますし、「ライカム坂」もあります。

仲村　それにしてもイオンモール沖縄ライカムという名前がねぇ……。かつての琉球米軍司令部の名前を付けるとは。僕は『これが沖縄の生きる道』（亜紀書房）で宮台真司さんと沖縄のショッピングモール化については議論をしたけれど、基地返還跡地をイオングループが占拠したようにしか見えないよね。まさに「イオン帝国」主義だ。

普久原　帝国主義って……。さすが元「過激派」学生ならではのワードチョイスですね（笑）。でも、沖縄市だけでなく北谷や具志川なども含めてイオングループは近隣に相当な影響を及ぼしそうですね。

藤井　イオンモール沖縄ライカムという名前が受け入れられるのも「沖縄らしさ」と言ったらいいんでしょうか。そういえば、僕は初めての沖縄旅行で、かつてコザにあった、歌手の饒《よ》辺愛子《へんあいこ》さんの店・ナンタ浜に行って民謡を聞いたんです。饒辺さんの演奏を聞いて感動して、沖縄民謡にハマっていきました。それ以降、取材などで沖縄に来る度に必ずコザには行きますが、すっかり寂れてしまった。ですが、いまだに僕がコザに来たなあと感じるのはゲート通りに入ったときかなあ。

普久原　沖縄自動車道もありますけれど、那覇からだと二〇キロ。コザはまだまだ遠い印象がありますね。とはいえ、この前僕はイオンモール沖縄ライカムに行っちゃいましたけどね。

仲村　後学のために僕もひととおり巡察しました。

普久原　えっ⁉

藤井　実は僕も行って楽しんできました。結局、みんな行ったんかい（笑）。

ライカム交差点と「イオン帝国沖縄総司令部」ならぬイオンモール沖縄ライカムの様子

イオンモール沖縄ライカムの内部

普久原　それより諸見百軒通りに話を戻すと、一九五六年当時の記事には「バー、カフェーなど外人相手の風俗業者が約二〇軒（女給約百名）」とあるので、まだ百軒もなかったんでしょうね。

仲村　ベトナム戦争が激化する六〇年代から栄えたんじゃないかな。

普久原　諸見百軒通りは、戦後に軍道が敷設される前の旧通りで一九六二年に現在の通り名を決めたようですから、影響がありそうですね。

仲村　百軒通りの北側から三三〇号線に抜けてすぐ東側に直交するように伸びる道は新生パラダイス通りと言われて、ここも特飲街だった。僕が来た頃にはすでに、閑散としていたけれど、五〇〜六〇年代は栄えていたらしい。

藤井　戦後、自然発生的にあちこちに基地を中心にして特飲街ができていきました。コザ自体がそもそも戦前は牧歌的な農村で、戦後につくり変えられた基地の街です。その流れで収容所に入れられていた人がそのまま住み着いたり、沖縄のあちこちから来て住み着いていった。

そこで米兵相手に売春していた女性の多くは奄美出身者で、基地建設のために働いたり、バーなどの水商売を手がけていたのも奄美の男性たちです。街歩きをしながらいまも細々と営業している店のルーツを聞くと、奄美の人だったということはしょっちゅうあります。

照屋黒人街の跡を歩いてみる

藤井　胡屋《ごや》十字路から東へ行くと、コザ十字路があって、ここに銀天街というアーケード商店街があります。その銀天街の本通りを抜けて蛇行した坂をあがっていくあたりが照屋黒人街と言われた一帯です。コザは米軍基地によって人工的につくられた街ですが、この十字路に市が建ち並び、それが銀天街に統合されていったという経緯があり、それはそれは賑わっていた。一九六〇年代には映画館も何軒もあり、華やかな街だったそうです。いまでもポルノ映画を上映している映画館がコザ十字路を少し入ったところにあります。

銀天街は、一九五一年四月、軍道二四号線（現国道三三〇号線）と軍道一三号線（現国道三二九号線）の交差点にバラック小屋を建てて商売をはじめたことから市場に発展したそうです。その後、コザ十字路市場組合と隣にできた本町通り会が一九七六年に合併して銀天街と名付けていますね。しかし、例によっていまは寂れきっています。県道の拡幅工事もあり、銀天街自体も縮小されてしまった。

普久原　様々な地域で商店街が苦しんでいる話をよく耳にしますが、コザはより厳しい局面

現在の照屋黒人街の様子

銀天街の入口。アーケードを抜けた先はかつての照屋黒人街

であることが、銀天街に来るとよくわかります。アーケードのせいで昼なのに暗い印象を受けるからかもしれません。店が開いていればまだ、明るいのでしょうけど……。諸見百軒通りを南の玄関口とするならば、コザ十字路は北の玄関口という位置付けだったと思うんですよね。

藤井　それでも、かつて黒人街だった付近の路地を分け入っていくと、以前バーだった建物や、米兵向けに性風俗業をやっていた建物が残っています。当時の照屋について書かれた本を読むと、照屋にまぎれこんできた白人が黒人兵士にリンチされているシーンが必ず出てきます。馳星《はせせい》周《しゅう》氏の小説『弥勒世《みるくゆー》』（角川文庫）も照屋の乱闘シーンからはじまります。もともとは白人もいたのですが、当時の人種差別が原因で対立が激化して、白人が城前や八重島のほうへ移動していく格好になります。これが自然発生的にそうなったのか、問題発生を避けたい軍の「政策」によってのものなのかについてはＵＳＣＡＲ（琉球列島米国民政府）の文書資料を調べている研究者の間でも議論があるようです。

仲村　照屋って、そんな場所だったのか……。幹線道路のすぐ裏手で通り過ぎてしまうから、気づかなかったなあ。

普久原　一見しただけではわからないですが、よく観察すると看板を塗り替えたような痕跡があったりしますね。

藤井　あの温泉マークはもろに米兵相手の性風俗の印です。建物が残っているとはなあ。銀天街からゆるやかに曲がっていく上り坂だけじゃなく、その周辺の路地も歩いてみると当時の建物がそこここにあります。

一九七一年に公開された布川徹郎監督のドキュメンタリー映画『モトシンカカランヌー』の撮影スタッフは照屋に家を借りていたんです。たまたまその隣に住んでいたヤクザや、その愛人を撮影した映像が『モトシンカカランヌー』の柱になっています。いまでも建物は残っています。半分ほどは取り壊されてしまい、撮影スタッフやヤクザが住んでいた棟は壊されて集合住宅になりましたが、残り半分ほどは外人ハウスを模したよう

照屋黒人街のホテルの看板跡。左上に温泉マークが描かれている

写真右の家にヤクザたちが出入りしていた。当時、その向かいの家を映画の撮影スタッフが借りていた

な家が数軒固まっています。僕は普久原くんと一緒にその元ヤクザの一人に離島まで会いに行ったことがあります。その詳細は拙著『沖縄アンダーグラウンド』に書きましたから、多くの人に読んでほしいですね。

普久原　ロケ地探しはワクワクしましたね。建物壁面に棟番号がペイントされているのですが、当時の映像と一致していることがわかったときは心躍りました。でも、マンション建設のために一部解体されてしまったのが、ちょっとだけ切ない。

仲村　ここは建物の側壁に人の脂や手垢が残っているような感じで、実に生々しいね。街の発達史がありありと浮かんでくるスポットです。

高田爬虫類研究所と椎名誠の不可思議な関係

普久原　銀天街に爬虫類専門のペットショップがありました。すごかったですね。ああいうディープな空間があるとは知らなかったです。

藤井　なぜ銀天街に高田爬虫類研究所★（ディノドン）という爬虫類専門のペットショップがあるのか（笑）、驚いた！

普久原　たしかに、様々な選択肢の中からなぜあの場所を選んだのかと僕も考えちゃいましたよ。しかも「二階に店を構える」という、さらに客が「行きづらい」環境を選んでますよね。

仲村　その「イキづらい」というのは、ぜひ活かしたい文句だ（笑）。

普久原　ただの下ネタじゃないですか（笑）。

藤井　僕も一人だったら絶対にあそこは行かないですよ（笑）。

仲村　「高田爬虫類研究所」という看板が見えたからね。すぐに高田榮一（爬虫類研究家）さんの研究所だとわかったんです。高田さんは椎名誠さんがかつて勤めていたストアーズ社の専務だった方です。入社試験に遅刻した椎名さんを採用したのも高田さんなんだそうです。その話が『ビールうぐうぐ対談』（文藝春秋）に出てきます。

藤井　その話を銀天街で仲村さんから聞いたから、思わず爬虫類研究所が入るビルの二階への階段を駆け上がる勇気が出ました（笑）。体長数十センチのかわいい蛇なんかが売られていました。

高田爬虫類研究所の入口。上るのにいくらかの勇気が必要な階段だ

椎名誠『新橋烏森口青春篇』（小学館文庫）

仲村　高田さんは椎名さんの『新橋烏森口青春篇』（小学館文庫）にいつも背広のポケットに蛇を入れている変な専務として登場していて、一九八八年にはＮＨＫでドラマ化されています。椎名さんの役は緒形直人さんが演じていて、伊東四朗さんが高田さんの役。役柄にぴったりはまっていました。実は僕、ビデオも持っているんです。高田爬虫類研究所はもともとコザの動物園★（沖縄こどもの国）にあったというのは知ってたんだけど、そこから銀天街に移っていたことや、高田さんが三年前に亡くなっていたことまでは知らなかった。

藤井　あの店員さん、どんな思いであの店を継いでいるかはわかりませんが……。

仲村　僕が、椎名さんや高田さんのことを尋ねたからだろうけど、研究所の店員さんは本当に嬉しそうだったよ。クモも売られていたので「これ毒グモですか?」って聞いたんだけど。

藤井　僕はクモが嫌いなので、あえてスルーしてました。

仲村　その毒つながりで、お店の人に「西表島にはサソリが生息してますよね？」って尋ねたでしょ。その伏線は何かと言うと司馬遼太郎さんなんです。『街道をゆく 沖縄・先島への道』（朝日文芸文庫）の中で、司馬さんが西表島に渡るときに「あそこには毒グモがいるでしょう？」と竹富島で出会った旅行者に聞いているシーンがあるんです。司馬さんはやっぱりすごいね。西表島に毒グモやサソリがいることを知ってたんだよ。だから島に渡らなかった。

普久原　え？　それだけの理由で島に渡らなかったんですか（笑）。

仲村　そう。司馬さんは「この地上でどういう生き物と遭遇してもいいけど、毒グモとだけは取り合わずに生きてゆきたい」とか言ってね、しつこいほどクモとサソリのことにページを割いているの。で、「私は毒グモはやはり敬遠することにした」と……（笑）。

藤井　僕は、たまたま先日、三線《さんしん》を製作している沖縄民謡の先生からいただいた台湾ニシキヘビの皮を額装したばっかりだったせいもあり、売っていた蛇に惹かれましたね。

仲村　その蛇が、照屋黒人街の隣で売られていることが重要なんだよ。そもそもマムシ酒やハブ酒が精力増進に効果があると言われるのは、蛇の交尾が一回に二〇時間も続くからなんですね。その光景を見た人間が蛇の精力にあやかったわけ。

藤井　なるほど。当時の米兵の黒人も、ハブ酒を飲んでいたのかな。飲んでいたわけないか。

普久原　こじつけすぎですよ（笑）。彼らはジャズを聴きながらビールを飲んでいたと思うな。

藤井　ちなみに白人街のほうでは絶対ジャズはやらなかったって地元の方が言っていました。白人街では当時カントリーがかかっていたらしい。そういえば爬虫類研究所の建物の内装を見ました？　あれって、元スナックでしょ？　奥にカウンターがあって……。

仲村　そうそう。あれ、居抜きで借りているんだよね。スナックの内装を変えず、バーカウンターやボトルの棚に蛇やらクモの爬虫類が入ったガラスケースがそのまんま並んでいた。あれなら昆虫館やペットショップもやれそうだな。スナックの内装はこの手のショップと親和性があるかもしれないなあ。

八重島（白人街）のムラムラ度を検証する

藤井　八重島は照屋黒人街とは対照的で白人が多かったので白人街とも呼ばれていた一帯です。戦後、最初期にできた特飲街の一つですね。基地の側から入っていきましょう。

かつては「New KOZA」というネオンが立っていて、中部地区最大の歓楽街で不夜城だったと言われています。バーが一二〇～一三〇軒も建ち並んでいて、数百人の女性が働き、その多くで米兵相手の売春がおこなわれていました。嘉手納基地第二ゲートから歩いて一五分ぐらいのところですね。いまは入口に公民館が建っていて、敷地内には集落に米兵が入ってきたら叩いて危険を知らせたガスボンベを吊した「鐘」がぶらさがっています。

八重島も人為的につくられた街で、もともとは谷のような場所だったそうです。アメリカは表向きには米兵相手の売買春を禁じていましたが、この街ではそれがおこなわれていることは公然化していました。この公民館から下の方の一帯がかつて中部最大の特飲街でした。静まりかえった街ですね、いまは。

普久原　ここも嘉手納空軍基地のゲートとの位置関係や歴史を知らなければ、普通の住宅地にしか見えませんね。でも、「CLUBワルツ」のネオン看板が残っていたりかろうじて特飲街の痕跡がありますよ。

あれ？　仲村さん、急に考え込まれてどうしたんですか？

仲村　当時の米兵になったつもりで、彼らの気分を考えながら歩いてたんだよ。実際、彼らが八重島に車で通ったのか、歩いて通ったのかとても気になります。性的衝動が起きて、

米兵を警戒してつくられた「鐘」ガスボンベを吊して鐘として利用していた

「CLUBワルツ」のネオン看板の痕跡が残る

「さぁ行こうぜ！」ってなったときに、どういうふうにして出向いたのかという部分まで想像して歩くと臨場感もわいてくるからね。散歩がてら歩いているとムラムラした気分も萎えちゃうだろうから、おそらくワッと車で行ったんだろうけど。

普久原　僕には八重島入口で急ブレーキするトラックの後ろから飛び降りてきた数人の米兵が「GO！ GO！ GO！」と編成を組んで走っていくシーンが思い浮かびますね（笑）。

藤井　当時の新聞等を読むと実際にはジープなどの車で乗り付けたようです。センター通り（BCストリート）だとゲートから歩いて来られますが、八重島だと距離がありますから。センター通りに対して、ここは「裏街」と呼ばれていたそうです。米兵はこうした街で飲んで酔って民家に侵入して暴行や強姦をくり返していました。そうすると住民は、さっきも言ったガスボンベを吊した「鐘」をガンガン鳴らして部落内に危険を知らせた。そういう光景のほうが僕は目に浮かびますね。

仲村　生々しい光景が浮かんでくるよね。当時の沖縄は基地どころか性の植民地でもあった。住民にとって米兵は恐怖の存在だったというわけだ。

普久原　現在八重島には一軒だけカフェがあります。純喫茶の方です。なぜか「カフェー」と伸ばすと女性が給仕してくれる不純な方を指しますよね（笑）。でも、建物を見た限りでは、元カフェーを転用していると思います。

仲村　「響★」という店だった。

藤井　すごいオーディオ設備でした。元Aサインバーを改装されたそうですね。店主は、「詳しくは知らないけれど、そうだったみたいだね。内装も天井等は撤去したけれど、カウンター下の床タイルなど、けっこう残して使っていますよ」と言ってました。この店のかつてのオーナーも奄美の人だったようですね。

普久原　塗料のある壁のラインから、以前の天井の位置がわかりますね。

カフェ「響」の外観。元Aサインバーだった建物を改装して営業している

カフェ「響」の内部。カウンター下のタイルなどはAサインバー当時のまま

藤井　この街は占領米兵の強姦事件や、女性を求めての住居侵入が後を絶たない社会背景があり、表向きは経済の活性化のための歓楽街ですが、本当は性の防波堤として売買春街がつくられたのです。八重島はその最大の街でしたが、性病の蔓延をくいとめることができず、衛生基準を定めたAサイン制度がどんどん厳しくなる中で、オフリミッツをくらったりしているうちにすたれていき、センター通りの方に客は流れていきました。戦後の米軍のすさまじい性暴力をくいとめるために賑わったという、矛盾を凝縮したような街だった。蛇行した坂道の周囲を見ながら歩くとただの住宅地ですが、通りに面しているのはかつてバーやクラブだった建物だと知ると複雑な気持ちになりますね。

八重島のパワースポット・大国ミロク大社

藤井　カフェ「響」の裏にある大国ミロク大社★もなんというか空気感が独特だった。
普久原　以前、一人で八重島を歩いていたときに、ミロク神社だけは行かなかったんです。あの異様な空間を一人で味わうはもったいないので、また皆で歩くときのためにとっておこうと思ってたんですよ。

藤井　あ、ちょっと言い訳をしてるね。ほんとは気味が悪かったんでしょ（笑）。

普久原　だって、あの空間に入るのはさすがに一人じゃ怖いですよ（笑）。でも、そういう畏れが感じられる空間が大事だとは思ってますけどね。それで気になったので調べてみたら、大国ミロク大社は新興宗教のようなんですが、創始者の故・比嘉初さんという方がすごく興味深い方だということがわかりました。

藤井　調べたのか（笑）。

仲村　それにしても神道界のエース、大国主命《おおくにぬしのみこと》と仏教界の大スターの弥勒菩薩を合体させた発想はすごいね。

普久原　比嘉さんはもともと沖縄北部のご出身なのですが、戦時中は広島で働かれていた。そこで偶然、神がかりになって原爆投下の前に逃げたので奇跡的に家族すべて助かったとのことです。戦後、八重島の洞窟の隣に神社を建て拠点とし、沖縄各地の洞窟を信仰の為に巡礼していた。一九七二年八月七日の沖縄タイムスの記事では「岩戸開いて平和祈願／一九年間、三千余の洞窟回る／洞窟巡りのおばさん／比嘉初さん」と紹介されています。

仲村　三千余りも洞窟があるのか……。

普久原　その洞窟巡礼の過程で、山下洞人の骨（旧石器時代の人骨）が発掘された山下町第一洞穴遺跡★が発見されたり、玉泉洞★が世間に知られるようになったそうです。僕が興味深いと思っ

街中に突如としてあらわる謎の神社・大国ミロク大社

たのは、社会との関わり方ですね。一九五〇年代末の沖縄では古臭くて不合理な因習や迷信を打破しようとする「生活改善運動」という活動がありました。その頃は、沖縄のシャーマンであるユタなどへの風当たりも特に強く、比嘉さんも地域とトラブルを起こして新聞で批判されているんですね。

仲村　五〇年代は、犯人探しにユタを使って懲戒処分にされた警官がいたり、死んだ子どもがまだ生きていると言われて埋葬した子どもの墓をあばいた事件などもあったようだからねぇ。前近代の信仰が脈々と受け継がれている沖縄ならではの事件と言えるでしょう。

藤井　沖縄で土地を買ったら拝所の隣だったりして、手をつけられなくて困るという話もよく聞くよね。いまの那覇新都心も、基地返還後の開発が遅れた理由の一つにその手の話があったでしょ。

普久原　比嘉さんはそのトラブル以降、信仰対象である洞窟を発見しても、開発を思い留まるよう地主に直接話をつけるというよりは、考古学者などに調査を依頼したりされています。他にも、戦時中に亡くなった方の遺骨を洞窟で見つけて届け出るなどの活動もしています。だから、一九五〇年代と一九七〇年代では、社会的評価が変わっていて同じ人物を扱っているとは思えない新聞の見出しになっていたので面白かった。

仲村 そんな人物が、特飲街のすぐ隣に社を建てたというのが興味深いなあ。当時の米兵も立ち寄ったりしたんだろうか……。ますます気になります。売春街とミロク神社の近すぎる距離間隔を考えると、八重島特飲街に向かう米兵たちが、精力増進祈願としてミロク神社にも参ったんじゃないかという妄想をどうしても抱いてしまう。

白状しますと、今日のような寂れきった町は僕のような鬱病患者に悪いんです。落ち込みが深いの。ねじれた感情が複雑にこみ上げて、「父よ、おろかな民をおゆるしください。彼らは何をしているのか、わからずにいるのです」みたいな気分から抜け出ることができない（笑）。

アメリカ世の黄金時代を練り歩く

藤井 胡屋十字路から続く一番街商店街のシャッター通り化は痛々しいものがありますね。地方都市のアーケードはおしなべてこんな感じで沖縄に限ったことではないけれど、年配女

コンディション・グリーン『MIXED-UP』(SHOW BOAT)

性向けの洋品店が何軒かと食器屋ぐらいしか開いてない。

普久原　テナント誘致で議論になったミュージックタウン音市場★のゲームセンターでコインゲームをしているお年寄りが多くて考えさせられました。

藤井　コザは基地の街というイメージとロックミュージックをかけ合わせた「コザロック」で街おこしをしようとしてきたわけですが、残念ながらうまくいっているとは思えないですね。かつては、「コンディション・グリーン」や、「マリー・ウィズ・メデューサ」などの沖縄を代表する骨太のハードロックバンドが演奏しているライブハウスやクラブがいくつもありました。

仲村　一九六〇年代のベトナム戦争時代に、コザを拠点に一世を風靡《ふうび》したいわゆるオキナワンロックですね。米兵たちは明日をも知れぬ命で、酒とマリファナで自暴自棄になっている。沖縄のミュージシャンはそんな荒れた彼らを相手に本国の有名バンドに劣らない本格的なサウンドで演奏し、米兵たちを魅了したんですね。

なにしろ、彼らは耳が肥えている。ミスをしたりお気に召さないとたちまち罵倒され、酒をぶっかけられたというエピソードが伝わっています。

沖縄音楽をワールドミュージックに昇華させた喜納昌吉、風狂の唄者といわれた嘉《か》手《で》苅林昌《かるりんしょう》、映画『ナビィの恋』に出演して全国区となった登川誠仁《のぼりかわせいじん》、漫談家にして音楽家の照屋林助《てるやりんすけ》、その息子で「りんけんバンド」を率いた照屋林賢《てるやりんけん》、さらには、「ネーネーズ」「オレンジレンジ」などもコザ出身です。

沖縄の芸能は日本の音楽シーンにいまも大きな影響を与えていますが、当時はオキナワンロックの黄金時代といっても過言ではないですね。

藤井　メインの中央パークアベニュー（センター通り／BCストリートの現在の名称）と一番街をつなぐ百メートル程度の短い通りがパルミラ通りですが、ここで立ち寄るべきは沖縄市が運営するヒストリート★でしょう。ここに行くと、八重島や照屋の往時の風景の写真が掲示してあって、現在の風景と重ねあわせると驚きます。収容所で使われていたものや、戦後の生々しい生活用品が並べられています。冊子『コザ・ブンカ・ボックス』もすごく勉強になるので揃えたいところですね。コザの戦後史がぎっしり詰まっている。

かつてのコザのメインストリート・中央パークアベニュー（センター通り）

コザの歴史が展示されている公共施設・ヒストリート

仲村　そうですね。一口に沖縄史といっても、行政府の置かれた那覇と基地に囲まれたコザは戦後史や世相が白と黒ほどに違っているんです。このことはコザの人々がいまも使っている言葉にも残っています。

普久原　たとえば、「お冷」を「アイスワーラー」、「ツナ缶」を「トゥーナー」、「シチュー」を「ストゥー」と発音したりするような……。

仲村　そう、基地周辺の人々は米兵から直に聞いた耳英語で発音するわけです。なので、いまでも給料日は「ペイデー（Pay Day）」と表現するし、洗濯機を「ワッシンマシン（Washing Machine）」という人もいます。アメリカ世《ゆー》をもろに体験したコザならではの表現ですね。

藤井　コザが基地の街として最盛期を迎えたのはベトナム戦争の頃ですが、その「落とし物」が言葉や習慣などに残っているわけですね。

仲村　なにしろベトナム戦争当時は、コザ市の経済の八割が基地関連収入でしたから。まさにベトナム特需ですね。それによって、コザは飛躍的に経済発展を遂げましたが、そのアメリカン・マネーを求めて、華僑、台湾人、香港人、インド人、フィリピン人までコザにやってきました。

まあ、極端に言えば米兵相手であれば、どんな商売をしても儲かったわけで、特飲街の風俗施設もいわば基地関連産業から派生する商業施設でした。そこで働く女性は奄美や日本本土からやってきた人たちも多かったようです。

藤井　ゲート通りから一本東側に入った、ゲート通りに並行している道は、たまたまタクシーの運転手に教えてもらったのですが、なんと、いまでも通称「尺八通り」と呼ばれているらしいんですよ。米兵向けに売春していた建物が数軒あったそうです。いまはやっていないみたいですね。

普久原　その通称、まんま下ネタじゃないですか（笑）。一九五六年九月一五日の琉球新報の記事には「戦後、尺八の名人がこの地を訪れ、アメリカの兵隊達にその調べを紹介したことから、こう呼ばれるようになったとか」とありますが、言葉通りに読むところでしたよ……。

仲村　当時の新聞記者の文章はゆるいねぇ（笑）。

普久原　米兵には「Whisper Alley」という名称で伝わっていたようですね。直訳すると「ささやき横丁」という感じでしょうか。

「尺八通り」の建物の小窓（左上）

仲村　長屋状の建物で、通りに面して入口がいくつかあるから、なんとなく想像できるね。

藤井　どの説が本当なのかなあ。僕は建物の小窓から顔を覗かせて、交渉をしてたと思うんですよ。

藤井　映画『モトシンカカランヌー』の「主人公」の米兵相手に売春している女性はこの付近のホテルを「仕事場」として使っていたそうです。米政府の売春取り締まりが厳しくなり、店の中でおこなうより、外のホテルを使うようになったという流れもあるようです。

中央パークアベニューで最盛期のコザの幻影を見る

仲村　コザの中央パークアベニューは、かつてBCストリートと呼ばれていたんですよ。BCはビジネスセンターの略なんです。センター通りとも呼ばれていた。

藤井　BCの名残は、BCスポーツという店や、ゲート横にあるBCオートという中古車屋に残ってますね。いまや昔からあるのは数軒になってしまったそうですけど。

普久原　ショッピングセンターと語感が似ているので、僕はずっと勘違いしていて、ビジネスセンターと呼ばれる建物が通り沿いにあったのだと思っていました。実際は、戦後のコザの都市計画の名称だったんですね。だからゲート通りを含めて区画整理された地域一帯を指す計画名だったものが、道の名前になった。文字通り、この道を中心に据えていたんでしょうね。

仲村　現在は、道のつきあたりがコリンザ★（複合商業施設）になっているけれど、復帰前は「CLUB キャバン」という米兵向けのAサインバーだった。キーテナントの変遷で街路の活況や特徴がわかりそうだね。

普久原　戦後のビジネスセンター計画の当初から地域の核となるように位置付けられた場所だったことが、大通りのつきあたりという立地からも読み解けますね。

藤井　BCストリートやその周辺は犯罪などに悩まされた時期があるからね。戦後や、朝鮮戦争のときやベトナム戦争のときは沖縄から米軍が出撃していったわけだけど、Aサインバーで酔っぱらった米兵が暴力事件を起こすのは日常茶飯事だった。この通りは米兵が入り浸るクラブやバーが軒を連ねていたから、働いている沖縄の女性や、フィリピンから働きに来ている女性

中央パークアベニューの奥に見える建物がコリンザ

復帰前のセンター通りの様子（キーストンスタジオ提供・那覇市歴史博物館所蔵）

チャーリー多幸寿の入口に表示されているAサイン

が被害にあったようです。

中央パークアベニューは寂れてはいますが、いまでも観光スポットです。ワイキキ通りは中央パークアベニューから一本道をそれたところですが、古い家や建物がたくさん残っています。ここにもクラブなどが建ち並んでいました。女給殺し事件現場はその付近にあります。僕はそのあたりを沖縄県警の元刑事と一緒に歩いたことがありますが、「この家も（売春で）摘発した」とか、そこらじゅうのごく普通の民家を指さして言うんです。

普久原　そういう歴史的背景を知ると、裏通りも一味違って見えてきますね。いまも、中央パークアベニューには刺繍店やワッペン屋など米軍基地とのつながりを感じる店が並んでいます。でも、当時のAサイン店で残っているのはチャーリー多幸寿《たこす》★ぐらいですね。

藤井　Aサインレストランのニューヨークレストランもつぶれてしまった。ここがコザ観光の中心なのにこの寂れ方はすごいですよね。つきあたりのテナントビルのコリンザもNPO関係の事務所が入っているだけで無人ビルみたいになってます。

仲村　コリンザは一九九七年に開設されたショッピングモールです。長期低落傾向に歯止めをかけるための鳴り物入りの事業でしたが、天を仰ぎたくなるほど不発に終わりました。ハコモノでは街を活性化することができなかったわけですが、皮肉なことに、一方の那覇はハコモノだらけの新都心が莫大な経済効果と雇用効果を生みました。

同じハコモノでこれほど明暗を分けた例も珍しい。コザは那覇に水をあけられる一方ですね。沖縄市観光協会の調査では沖縄市の入域観光客数は県全体の〇・五％程度でしかありません。かつてフリークたちが熱狂したコザはいまや素通りスポットになりつつあります。

基地で栄えた街は必ず寂れると言われますが、奇しくもその典型例をコザがつくったことになりますね。

藤井　中央パークアベニューも三三〇号線からの入口側のお店はまぁまぁ開いているけれど、中ほどから奥はシャッター通りと化しているのが切ないよね。地元の人に聞くとセンター通りと呼ばれていた当時も真ん中あたりで雰囲気が違っていて、交差点から上の方はライブハウスやクラブがびっしりあってあんまり行っちゃいけないって親から言われていたみたい。下の方は土産物屋とか刺繍屋とかレストランとかショップがあって、比較的「治安」がいいと言われていたみたいです。

中央パークアベニューの真ん中あたりの四つ角のところにかつて「寿」という料亭があって、そこが沖縄ロック界の重鎮・喜屋武幸雄《きゃんゆきお》さんのお父さんの経営していた店だったところです。いまはもうありませんが、最初はヤマト（日本）式の料亭で、あとになって売春店に看板替えしたそうです。

いわゆるオキナワンロックは、最初はフィリピン人バンドばっかりだったけれど、だんだん沖縄のバンドが出てきたという流れなんですね。沖縄のグループは、一九六四年に川満勝弘さんや喜屋武幸雄さんが中心に結成した「ウィスパーズ」や翌年の糸数元治さんたちの「チャマーズ」などが最初です。喜屋武幸雄さんや宮永英一さんにインタビューしたことがあるけれど、オキナワンロックの生ける伝説ですね。一九七〇年代に入ると、「キャナビス」「コンディション・グリーン」「紫」「コトブキ」が四大ハードロックバンドですね。それで、近くのレコード屋に入ってそれらのバンドのCDを買おうとしたら、なんと「マリー・ウィズ・メデューサ」の一枚しかなかった。かつ、若い店員さんがよく知らなかった。

仲村　音楽も風化していくんですね。芥川賞作家の大城立裕氏が「コザは賑やかな田舎だ」と称したこともあったけど、なにやら賑やかさも失せてしまった感があるねえ。

普久原　すみません、僕もその定員さんと同じくコザロックはほとんど知りません。

藤井　おいおい（笑）。ちなみに、喜屋武さんの家の数軒先に、『オキナワの少年』（文春文庫）

で芥川賞をとった東峰夫さんが住んでいたんです。そこも、やはり売春店をやっていたらしい。『オキナワの少年』の出だしはその宿に住み込みで働いている売春女性の日常が描かれていて、僕は中央パークアベニューの喫茶店で『オキナワの少年』を読み直したことがあります。同作品は映画化もされていますね。

謝苅の特飲街跡で幻の映画館を見つけた

普久原　せっかくですから、沖縄市の周囲の特飲街跡も巡ってみましょう。公文書館でAサインの許可店リストを見つけたのですが、気になる地名がいくつかありました。いまはあまり聞いたことないのだけれど、当時は栄えていたということだと思ったんです。幻の街を探す楽しみとしては行ってみる価値があるかもしれません。

『那覇 戦後の都市復興と歓楽街』(フォレスト)の中で加藤政洋さんが、戦後沖縄の都市化の初期形態を特徴付けた三要素として「市場」「映画館(劇場)」「歓楽街」をあげています。

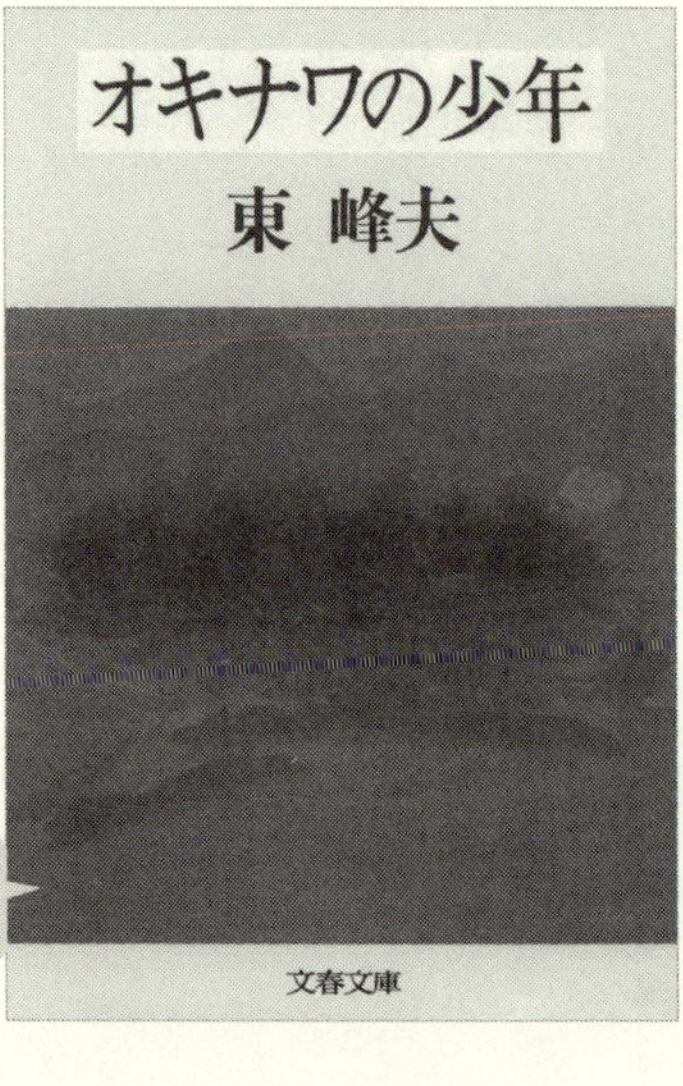

東峰夫『オキナワの少年』(文春文庫)

藤井　たしかに普天間もコザも特飲街の近くには必ず映画館跡があったね。

普久原　特飲街は米兵向けに形成した場所も多かったので、さらに、米軍基地のゲートとの位置関係も都市化に影響した要素として加えられるんじゃないかと思って、地図上に米軍基地と特飲街をプロットしてみました。どの街も米軍基地との位置関係が重要だったことが伺えます。

手始めに「JAGAL」という地名が気になって調べたのですが、「謝苅《じゃーがる》」という地域のことで、旧地名だったため探すのに

普久原氏作成の「特飲街マップ」基地の周囲に特飲街が集まっていたことがわかる

苦労しました。国道五八号線からコザ向けに県道二四号線に入ったキャンプ桑江とキャンプ・フォスターにはさまれた北谷《ちゃたん》町吉原の一帯です。

　北谷と言えば、海沿いの美浜アメリカンビレッジ★やハンビータウン★を中心に栄えているイメージがあったのですが、本土復帰以前に栄えていたのはより丘陵地寄りだったようですね。

藤井　崖沿いの蛇行した道を登っていくと、かつてバーだったと思われる建物が固まっている一角があり、バス停は「謝苅原」となっている。その前に本屋さんがあったんで聞いてみたら、このあたりは宿泊するところもかつてはたくさんあって、基地建設に携わった人たちが内地からも来ていたそうです。一帯は銃剣とブルドーザー（米国民政府による土地の強制収用のこと）によって米軍に土地を強制接収されて、崖沿いの土地に人々が住み着いたということですね。この街並みを見ていると、米軍に土地を奪われるということ

「謝苅原」の名前が記されたバス停

謝苅の映画館・ナポリ座の跡。かつては歓楽街だったこの地域の名残

當間早志・平良竜次『沖縄 まぼろし映画館』（ボーダーインク）

とのリアリティが垣間見えますね。

仲村　土地を収奪しただけでなく、米軍は土地の人々の生業まで奪ってしまった。それにともなって、基地の街としての特異な歴史が新たにはじまるわけです。時代の区分として「戦前と戦後」という言い方をしますが、沖縄では「銃剣とブルドーザーの前と後」という分け方も必要ですね。

普久原　その本屋さんの横に当時「ナポリ座」と呼ばれていた映画館跡★がありましたね。といってもいまは建設会社になっていましたが、建物をそのまま使っていて一気に時代を引き戻される感じですね。當間早志さんと平良竜次さんの『沖縄 まぼろし映画館』（ボーダーインク）によればここは一九五〇年代のはじめから復帰前後まで営業していたらしく、封切りされてしばらく経った準新作を扱った「二番館」としてチャンバラ系を中心に上映していたみたいです。

藤井　こういう小規模な特飲街跡は独特の

寂しさが漂っています。足を伸ばして、沖縄市周辺の地域を巡ってみるのもいいですね。

うるま市の川崎・天願でAサインバーの痕跡を辿る

仲村　たとえば、沖縄市の隣のうるま市は、二〇〇五年に具志川市、石川市、勝連町、与那城町が統合してできた地域です。特に石川は戦後の民間人収容所のあった場所でもあり、戦後最初の行政機構である沖縄諮詢会《しじゅんかい》を設立した場所でもあります。つまり、戦後の沖縄政治のスタート地だったんですね。

普久原　いまとなってはどこが戦後の盛り場だったのかを探すのが困難になっています。とりわけ旧特飲街では売春等をしていた場所もあったので、地域で編纂している史誌にも掲載されません。

仲村　沖縄の生活史の中でも隠蔽されやすい歴史なんだろうね。

普久原　うるま市内で特飲街があった場所としては石川、安慶名《あげな》、天願、川崎、平良川、ホワイトビーチがAサイン店リストに載っていましたね。でも、勝連の「アカムヤー」と呼ばれる売買春地帯などは、島民向けだったらしくて掲載されていません。

バー MERRY の建物前で看板の跡を指さしてはしゃぐおっさんたち

キャンプ・マクトリアス（写真奥のゲート）付近のかつての特飲街の建物

土地勘のない場所は、都市計画図を読むと用途地域の設定範囲の違いがわかるので、それでおよその盛り場の見当をつけたりしました。でも、うるま市は田畑も多く未設定の白地地域（土地利用規制や行為規制などのない地域のこと）が多いので、この方法で場所を特定するには不十分でしたね。

藤井　具志川川崎にある米軍基地キャンプ・マクトリアス付近のMERRYとCHERRYというAサインバー跡探しも面白かったですね。ちょうどベースのゲート目前にあったので、その距離感にちょっと驚きました。学校の校門の前に駄菓子屋があって、ぱっと行けるというイメージの距離ですね。

仲村　日本の思いやり予算によって街のつくり替えがなされた地区ですね。当初は海兵隊の司令部や兵舎、米兵用の刑務所、アルコール依存者や薬物中毒者のための厚生施設があったようです。それが一九八〇年代末に思いやり予算によって海兵隊の家族住宅地区に転用されたんです。主にキャンプ・コートニーに勤務している軍人家族らしいけど。このあたりの事情は矢部宏治さんらの『本土の人間は知らないが、沖縄の人はみんな知っていること』（書籍情報社）に詳述されています。

藤井　川崎とメリーをつなげると「川崎メリー」。映画『横浜メリー』のような響きがして味わい深いね。あの映画も、横浜・伊勢佐木町の年老いた高級娼婦のドキュメンタリーでした。「メリーさん」は米兵の高級将校相手の娼婦だったんですね。

この前ここに来たとき、普久原くんの資料を見ながら近くの元お店らしき家にいた女性に「川崎のN番地のMERRYというお店でAさんという方だったようですが」と聞いてみたら、「そうそう、Aさん。この店の前を出てすぐ角の通りだよ」って思い出してもらえました。やはりデータは大事だね。

そしたら、そのおばあさんが、「ちょうどここの場所がN番だからね。でも、もうお店はとっくにやっていないよ。どうして、そんなこと調べているの?」って聞いてくるから、「沖縄の古い街を探して訪ね歩いているんですよ」って答えたら、げらげら笑って、「もう、何も残ってないよ。昔は繁盛してたけど。向かいは基地だから、仕事帰りの米兵が飲んでいくようなお店があったけどね。ステージもあったよ」って。

普久原　で、行ってみたら、まだ看板の跡が残ってました。いい感じに古びたファサードがシブかったけど、さすがに文字の判別が難しいですね。白地と黒地が逆なのかなとかいろいろ想像して読むしかない。結局、MERRYの前の路地のつきあたりがCHERRYだったらしいということがわかりました。

藤井　ちょうどその建物の横で工事をしていた年配の人が、CHERRYのことを知っていたんです。聞いたら、隣だよって教えてくれた。特定できたときの嬉しさは街歩きのときの醍醐味の一つだよね。

普久原　かなりマニアックな楽しみ方ですけどね（笑）。天願のキャンプ・コートニー付近にもAサインバーがあったようですが、すでに建物は撤去されて、住宅が建っていましたね。痕跡を探すのもなかなか大変です。

仲村　あそこも、基地ゲート前に建っていたんだね。キャンプ・コートニーは金武湾に面した高台で、海兵隊実戦部隊の司令部のある本拠地ですよ。

藤井　ゲート前の風景は、基地の内部からはみ出したような感じでした。軍属向けの保育園までありましたね。

石川社交街はいまでも生きていた

普久原　僕は石川の地図を見るまで把握していなかったんですけれど、宮森小学校★って、石川社交街の裏手にあるんですね。

仲村　そう。一九五九年六月三〇日に米軍機墜落事故で多くの犠牲者を出した学校だね。この事故で小学生一七人、住民六人が亡くなりました。この惨事をきっかけに反米感情が高まり、復帰闘争へと歴史のコマを進めていくわけです。

藤井　宮森小学校の事件は沖縄に集中している米軍基地に起因する悲惨な事件です。この事故をモチーフにした『ひまわり 沖縄は忘れない あの日の空を』という映画もありますね。

普久原　そういう悲劇の現場の近くに、米兵向けの特飲街があるんですね。被害者遺族はどのような気持ちだったのか考えさせられます。石川社交街にはハイビスカス通り、うりずん通り、サンダンカ通りという三つの通りがあります。現在も残っている有名な元Aサイン店はU・Sレストラン★です。こちらは、国道沿いにあるので目立ちますね。ハイビスカス通り入口の隣にも一力レストランという元Aサイン店があったようですが、インド料理屋に変わ

普天間すずらん通りにある飲み屋「いつもの場所」男達の秘密のたまり場

っていますね……。

仲村　街歩きしていて感じるのは、沖縄のスナックは「京」とか「友」などの一字の名前が多いということです。オーナーの名前から一字取っているんだろうけれど。なにやら、そんなところにも復帰運動の頃の沖縄の反米親日の感情が見える気がします。

藤井　なるほど、ヤマトふうにしていたという風潮もあるでしょうね。普久原くんが調べてきてくれた特飲街のバーリストにもヤマトふうの名前が多いし、料亭もそうです。ヤマトふうにすることが一つのトレンドだったんでしょうか。そういえば、うりずん通りに「いつものところ」という看板がありましたけれど、普天間のすずらん通りにも同じような名前の店舗がありましたね。

仲村　あれは、電話の際などに、「じゃあ、〃いつもの場所〃で！」というふうにして、飲みに行くのが家族にばれないようにひねった名前なんだよ。

普久原　そこまでして通いたい場所なんですか？（笑）

幕間

糸満ぶらり旅

かつて糸満は偉大な観光地だった？

仲村　多田治さんの『沖縄イメージを旅する』（中公新書ラクレ）でも紹介されているけれど、糸満というのは、戦前の沖縄観光ツアーで必ずコースの一つに入るほどの人気の場所だったの。

藤井　ここが戦前は沖縄を代表する観光地だったなんて信じられないな。僕は実は免許合宿で糸満に二週間半ぐらいいたことがあるんですが、まったく知らなかった。当時、印象に残ったのは、初めていろいろな種類の近海魚をマース煮（塩煮）で食べたことと、静かというより寂しい街だなあということでした。コザ（沖縄市）などは戦後につくり変えられた街だけど、糸満は戦前は有名な観光地だったという歴史を含めて考え込んでしまいますね。

仲村　当時から、ウミンチュ（海人）の街ということで本土でも知られていたんだよね。糸満は風俗や習慣が沖縄本島内でも特異だったんですよ。男性が一年のほとんどを海で過ごしているので、残された女性への貞操観念が特に厳しかったらしい。他の地域では、「毛あしびー」（男女が野原や海岸に集って遊び戯れる集会）という風習があったけど、糸満にだけは伝統的になかったらしい。

藤井　男女が海岸で遊び戯れる……やっぱりその場で盛り上がったカップルはどこかへ消えていったんだろうなあ。

普久原　いまで言う合コンみたいなものですかね（笑）。僕の知ってる「毛あしびー」は、原っぱで酒飲んで、三線弾いて踊ってるイメージだったのですが……。

仲村　いや、それで正しいんです。若い男女が三線や歌でかけ合いやっているイメージ。東南アジアや中国南部、古代日本の風習にあった、いわゆる「歌垣」で、ラブコールの場にもなった。沖縄もそういう遊びがあったけど、貞操堅固な糸満だけは別だったらしいんだ。

藤井　合宿免許で糸満にいたときはずいぶん地元のスナックも行きまして、漁師の方とも飲みましたが、糸満訛りが強くて、那覇から糸満へ引っ越してきた人も、糸満の言葉はわからないって言っていました。独自の文化圏があるのかな。

仲村　それで、かつては糸満は民族的にも違うんじゃないかという俗説があったほどです。ルーツは東から来た外国人で「イーストマン」が訛って「糸満」になったんじゃないかという話まであった（笑）。

普久原　珍説ですね（笑）。

仲村　司馬遼太郎さんが『街道をゆく』を連載していたときに、糸満を案内した人がそのイーストマンの連中の墓があると誘ったらしいけれど、司馬さんはバカバカしくなって墓に行く気にならなかったみたいです。

普久原　その説を聞いて、テンション上がる方がおかしいですよ（笑）。でも、戦前の糸満が沖縄有数の観光地だったという話は、僕も驚きましたね。二〇一三年に那覇市歴史博物館で「戦前の沖縄観光」という企画展があったのですが、山巓毛《さんてぃんもう》★から集落を望む観光団の写真なども展示されていましたね。当時の旅行日程を読んだ限りでは、日帰りで町を眺めるだけみたいでしたけど……。街歩きするにあたって事前に糸満について調べたのですが、僕が「糸満的」な風景だとイメージしていた糸満ロータリーより西の漁港などがある場所は、なんとすべて戦後の埋め立て地でした。

藤井　僕らが歩いている国道三三一号線からいまの海岸の方まで全部埋め立て地なんだ

よね。それにしても、ここより向こうに砂浜と海が広がっていたなんて、いまでは信じられないなあ。でも当時の風景を知っている地元の人の話を聞くと、「昔はよく家族とここのビーチで泳いでいた」なんて言うんだよね。そう言われると、なんか波の音とかが聞こえてくるようだ。

現在の糸満市山巓毛展望台からの眺め

普久原　戦後すぐの糸満の航空写真を見ると、いまの国道三三一号線から西側はすべて海なんですよ。糸満漁港も五〇～六〇年代にできています。それまで遠浅の海だったのを、大きい船でも入港できるように、海底の砂を漉《す》き取る浚渫《しゅんせつ》作業をして現在の形にしたようですね。

藤井　糸満漁港付近も、近年は再開発でかなり雰囲気が変わって居酒屋の数も減った気がします。いまはなくなっていたけど、ゲイバー「余計なお世話」って店が一軒だけあって、何度か行きました。内地から来ていた男性が女性用の着物を着て一人でやってたんですよね。やっぱり彼も「よくウミンチュが泥酔して来るけど、糸満言葉がまったくわかんない」って言っていました（笑）。まあ、糸満言葉は那覇の人でも聞き取れないっていうくらいだから当たり前だけど。

仲村　僕にはわざわざ糸満でそんな店をはじめた店主の気持ちの方がわからんなあ。それこそ余計なお世話だわ！

藤井　せっかくだから、糸満まで来たら、美々ビーチ★にも寄った方が楽しいですね。ビーチまでは車で行くしかないけど。

仲村　美々ビーチ？

普久原　音だけ聞くと、ダジャレっぽい名前のビーチ名ですね。

仲村　真剣に考えた末のダジャレだな、そいつは。

藤井　北名城ビーチ★も人がほとんどいなくて僕は好きだな。

普久原　僕が子どもの頃によく親に連れられて遊んだ場所ですね。単純に、お金が掛からないからという理由だったんだと思いますけど……。

北名城ビーチに佇むおっさん２人。砂浜というか荒地っぽい。おっさんたちの荒涼とした心象風景を表すようだ

仲村　「イチャンダ・ビーチ」（手つかずの自然のビーチのこと。無料という意味もある）だね。

藤井　普久原くんの子どもの頃は、ここで泳いでいたの？　潮干狩りとかならわかるけど、岩とかごつごつしてるし、泳ぐには辛いでしょ？

普久原　何度、リーフで足を切ったことか……。

藤井　ある意味、沖縄の海っぽくない場所だね。

普久原　沖縄本島の場合、本土の人が「沖縄っぽい」とイメージしているビーチのほとんどが実は人工ビーチだったりしますからね。離島にでも行かないと、美しい自然のビーチを拝むのは難しいと思います。

仲村　泳ぐには適さない感じだけど、バーベキューやビーチパーティーをするにはいい場所かもね。

普久原　たしかに、このビーチはバーベキューで利用する人が多いですね。

仲村　渡嘉敷島の阿波連《あはれん》ビーチでバーベキューしたことがあるんだけど、日射から逃れられるところがなくて過酷だったなあ。頭だけ海坊主みたいに出してゆらゆら海水に浸かるぐらいしか逃れる術がなかった。さぞかし、不気味な光景だったろうなあ。

藤井　観光で沖縄に来たら、皆一度はビーチに行きますよね。海で楽しく泳ぐイメージがあるけど、実際は猛暑でぐったりしていることが多いですよね。

仲村　日焼けや熱中症で救急車に運ばれる人もあとを絶たないし……。沖縄の海は泳ぐところじゃないんだよ。

普久原　ある程度そういうことを知っている人なら、日中の日差しの強い時間帯を避けて、夕方に行ったりするんですけどね。

藤井　糸満といえば、道の駅いとまん★は楽しいですよね。産直の野菜とか魚が本当に安いし、たくさんの種類がある。横にはファーマーズ・マーケットいとまん・うまんちゅ市場★とお魚センター★が併設しているからすごく広い。

普久原　ネットの旅行者向けのクチコミサイト「フォートラベル」で「旅行好きが選ぶ国内道の駅・ベスト二〇」という人気ランキングを見たのですが、沖縄はけっこう善戦していましたね。名護市の許田が一位で、他にも嘉手納、国頭《くにがみ》ときて、糸満もランキングに食い込んでました。

仲村　コザのファーマーズ・マーケット★（ちゃんぷる～市場）とかも人気だよね。糸満ではやっぱり、鮮魚類が充実している。お魚センターのマグロは安くて、思わず一ブロック買ってしまった。それで千円。意外と知られていないけれど、沖縄のマグロは冷凍していなくて、県産はすべて天然ものなんですよ。旬のときは、安くておいしい。

買い物客で賑わう糸満のうまんちゅ市場

藤井　逆に戦後栄えていた糸満ロータリー側の糸満公設市場★周辺を歩いてみて残念だったのは、おいしい魚料理が食べられる店が減っていたことですね。もったいないと思うんですよね。公設市場隣のフィッシャーマンズ・クラブも移転してしまいましたし……。

仲村　以前、本部《もとぶ》町の人が嘆いていたんだよ。わざわざ糸満の漁師が本部までカツオを食べに来て「うまいうまい」と言っているのを見ると複雑な思いがするって。本来は糸満こそが沖縄を代表する漁師の街だったはずなのに。地域に生業がなくなってしまうとダメなんだよ。全国でも名の知れた糸満の漁民の名がすたれていってしまわないかと不安になる。

普久原　公設市場も今日は静かでしたからね。戦後、糸満で最も栄えていた新世界通りも人通りがなくて、今回、最も人で賑わっていたのはうまんちゅ市場のような郊外型のモールでした。街の中心的な繁華街としては歩行に適したロータリー周辺から、車移動に適した西崎側に完全に移りきったということなんでしょうね。

仲村　うまんちゅ市場裏のお魚センターではちぬまんも売ってましたね。

藤井　ちぬまんは那覇の泊にある泊いゆまち★でたまに売っているけど、スーパーではまず売ってないでしょ。沖縄でも臭みの強い魚として知られているけど、脂身がたっぷりでおいしいんですよ。数軒調理してくれるお店がありますが、僕は大好物ですね。安里にあるすみれ茶屋★で初めて食べて、病みつきになった。刺身もマース煮もうまいけど、塩焼きがやはり、独特の臭みが立ってうまい。お酒ととっても合うんですよね。

仲村　そういえば、僕がゴーヤーに目覚めたのは、お酒を飲むようになってからだったなあ。それまではあまりおいしいと思わなかったけど、その苦味のよさがわかるようになった。臭いものやクセのある味の方がかえって病みつきになりますね。

独特の臭みが病みつきになる魚ちぬまん

普久原　昔よりは食べられるようになりましたが、いまでも僕はゴーヤーが苦手ですね。

仲村　僕は、沖縄人二世だから、そういう感じのことを言うと一世の方々にいろいろと言われるんですよ。沖縄ではヤギを食べることもあるけど、二世が食べられないと「お前は沖縄人ではない」と言われてしまう。ヤギの肉は独特の臭みがあって苦手な人が多いけど、いまでは、ヤギを食べられる人は沖縄人でも半数もいないからね。普久原くんはどう？

普久原　僕は、建築現場の棟上式などで何度も遭遇するので、食べられるようになりましたね。

藤井　僕は最初から大好きなんですよね。沖縄の人でも半数が苦手ということを知って

沖縄県民すら半数が苦手だというヤギ汁。臭いと言えばコレだ

驚きましたもん。煮込んだのが臭すぎて最高です。僕はあまり泡盛が好きじゃないけど、あれを食べると飲みたくなる。

仲村　藤井さんは臭ければ何でもうまいんじゃないの？

藤井　元東京農大の小泉武夫さんは著名な発酵学の権威ですが、「くさいはうまい」とか、氏の臭いものへの偏愛ぶりには激しく共感していますよ。ちなみに氏の著作には沖縄の臭い食べ物がいろいろ出てきます。

普久原　フーチバーも僕は苦手なのですが、ヤギ汁を食べるときだけは薬味として大量に投入して食べますね。ヤギの臭みとフーチバーの苦味が合わさると、なぜかいい具合になっておいしくなるんですよ。

仲村　臭みプラス苦味はうまいという沖縄食材の勝利の方程式ができあがったね（笑）。

第6章　金武・辺野古編

金武で豚の血にまみれ、辺野古で祈る

街歩きルート

金武町

久松食堂
當山久三記念館
チーイリチャー街道
金武観音寺

辺野古

辺野古集落
辺野古特飲街

本部町

備瀬のフクギ並木

金武町は沖縄本島の中部に位置する街で、町面積の六〇％を米軍基地キャンプ・ハンセンが占めています。また、金武町の米兵向けの飲食店から、タコスとライスを融合させた「タコライス」が誕生したことでも有名です。辺野古（名護市）は沖縄本島の北部に位置し、現在、新基地建設問題で揺れる大浦湾がある地域です。ともに基地の街として知られる場所ですが、この章では金武町や辺野古の飲食店やかつての特飲街にも足を向けています。地元の飲食店を訪れ、足を使って街をまわってみることで、その土地のよりディープな姿に近づくことができるでしょう。

金武はタコライスではなく、チーイリチャーだ

普久原　まず金武というと一般的には名物はタコライスということになっていますが、チーイリチャー（豚肉と野菜を豚の血で炒めた沖縄の伝統料理）を出す久松食堂★からスタートするべきでしょう。

仲村　タコライス屋は金武の特飲街に何軒かあって元祖争いをしています。でも、どことは言わないけど、それほどおいしいと思ったことがないんですよね。とあるタコライス屋で、藤井さんが食べていたミートソーススパゲッティはひどいもんだったし。量も多すぎて。それに比べるとチーイリチャーはうまい！　特筆すべき金武の名物と言えますね。

藤井　僕がまだ『三ツ星人生ホルモン』や『一生に一度は喰いたいホルモン』（ともに双葉社）を出版する前だったら、久松食堂のチーイリチャーは絶対に扱っていたんだけどなあ。中には血管（牛の

金武町の久松食堂。チーイリチャーがうまい。店に吸い寄せられる仲村氏

動脈）をホルモン料理として出す店もありましたが、「血もホルモン（内臓）だ」ということにまで思い及んでなかった。

仲村　「血も内臓だ」というのはいいですね。

普久原　これまで「金武町といえばタコライス」というイメージが漠然とありましたけれど、「金武町といえばチーイリチャー」に「宗旨替え」をしないといけないと痛感しました。そのぐらい久松食堂のチーイリチャーには衝撃を受けました。

藤井　メキシカンタコスが金武町に伝わってタコライスになった、金武町がタコライス発祥の地だというのは有名な話だものね。僕も断然チーイリチャー派だな。久松食堂のメニューの数は八品ぐらいしかなかったですね。

仲村　控えめだよね。「当店オススメ」という文句をチーイリチャーに添えてもよさそうなのに、メニューだけを眺めると埋没している。この奥ゆかしい感じも好感が持てるね。

普久原　物静かで、遠慮深い。そのあたりは仲村さんにぜひ見習ってほしい佇まいです（笑）。

仲村　たしかに、能ある血は爪を隠すんだね。ところで、メニューにあった「おかず」というのは何かと思って、店の人に聞いたんだけど、どうやら野菜炒めのことらしい。それにしてもチーイリチャーにライスを添えて出されたのは意外だったな。通常は、チーイリチャーは単品で食べる料理だからね。というより、チーイリチャーをごはんといっしょに食べた

久松食堂の名物チーイリチャー。カレーライスのような見た目がインパクト大だ

ことがなかった。

普久原　久松食堂のチーイリチャーは、見た目はもう、カレーライスでしたよ。

仲村　しかも、テーブルに置いてあるハバネロを加えるとメキシコ料理になるよね。沖縄人は伝統食のチーイリチャーもチャンプルー文化に溶解させてしまったのかもしれない。

普久原　県内で一番チーイリチャーを食べているのはやっぱり金武町民みたいですね。二〇一五年一二月一八日付の琉球新報によれば、久松食堂とチーイリチャー弁当を売っている菜菜《さいさい》★とをつなぐ通りを「チーイリチャー街道」と宣言する提言がされているらしいです。

藤井　「チーイリチャー街道」というのはいい名前だね。僕は、ここ数年のうちで久々に沖縄に通っていて本当によかったと素直に感じられる味でした。それも、どこから見ても東京の神田・神保町の共栄堂のスマトラカレーにしか見えない姿でしたからね。自慢しようと弟にメールで写真を送ったところ、「まさか、上に盛られているのは刻んだ生ニンニクじゃないだろうな?」と返事がきた。「そのまさかだよ」と返したら、「反則だ。劇的にうまいに決まっている」という恨みの言葉が届きましたからね(笑)。レバーなどの中身(内臓)も使っているのかと思って、お店の人にレシピを少し聞いてみたら、中身は使っていませんでした。豚の三枚肉を小口切りして、ニンジンとキャベツで煮て、豚の血を和えて炒めていました。

仲村　弟さんは血よりニンニクに反応しているんじゃないの。ところで、店内に貼られた新聞記事を読んだけど、いまは二代目らしいね。「常連客が食べた後に『おやじの味に劣らない』と言ってくれたのがうれしい」と書かれていたし、チーイリチャーを使った新メニューも考えているとあった。

普久原　僕は、これまでチーイリチャーの臭みが苦手だったんですけど、久松食堂のチーイリチャーはまったく臭みがなくて、ほんとに驚きましたね。あれなら僕でも抵抗なくおいしく食べられます。

藤井　新メニューはかなり期待したいところですね。仲村さんならどうします?　チーイリチャーパスタとか、チーイリチャー焼きうどんとか。

仲村　パスタにするのはおいしいかもね。「アミーゴ・デ・ブラッド」とか名称を変えてメキシカンっぽくすると、料理名に抵抗を持っている人が減って売れるんじゃないかと思うけどね。

藤井　たしかにこの「チーイリチャー」という名前で損しているんじゃないかと思うんだよね。店によっては「血イリチャー」と書かれているところもあるし。「エスパーナ・チーイリチャー」とかに変えれば……。

普久原　なんか余計にわかりにくくなってますよ。

藤井　カレー粉を入れて……って、それじゃただのカレーか(笑)。もしくは、ライスをタイ米にしたら……。

普久原　それだと、よりカレーライスに近づきますね。タイカレー的な。

仲村　でも、カレー粉を入れるとおいしいと思うよ。食べながらドライカレーの食感に似てるなあと思ったからね。

普久原　薬味のニンニクを福神漬に変えるともはや違いがわからないでしょうね。

仲村　チーイリチャーはすごくおいしかったんだけど、そこから、広がったり発展していかないところが沖縄らしいとも思った。

普久原　なんだかんだで保守的ということなんですね。たしかに、売り方やアピールの仕方を含めて工夫したらもっと売れそうな味でした。

藤井　盛り方を工夫すればカフェめしに見えないこともないですよね。お皿もカフェめしっぽいデザインだったし。ただ、お昼のランチとしては……。

普久原　その場合、残念ですが、まずニンニクを諦めないといけませんね。ハバネロや香草などのスパイスを推す感じになるのかもしれません。

藤井　でも、ニンニクがないと物足りない。久松食堂はチーイリチャーだけでなく、オムライスもすごくおいしかった。量もたっぷりで五五〇円（当時）。ちょっとした洋食屋にも負けない味でした。それにしてもオムライスとチーイリチャーが同居しているというのはすごい。

仲村　そういえば、久松食堂に外国人客が来るかどうか聞きそびれちゃった。キャンプ・ハンセンの第二ゲートからも近かったし、ハバネロを常備している点などを考慮すると、その可能性はあるよね。
　それから、店内の壁に額縁に納められた「豚肉血炒」という書道作品がありましたね。僕は書道もやっていたから、一画目の点の力の入れ具合のよさがわかる。「血炒」という字は、中国に行ったときにもよく見かけます。

藤井　韓国にも「ソンジクッ」という牛の血のスープがあるんですよ。二日酔いに効くと言われています。僕も何度か朝に食べにいきました。

久松食堂の壁に貼られた「豚肉血炒」の書

カベルナリア吉田『沖縄ディープインパクト食堂』(アスペクト)

普久原　久松食堂もライターのカベルナリア吉田さんが『沖縄ディープインパクト食堂』(アスペクト)の中でばっちり紹介しています。なんと自転車で沖縄をまわっているという強靭な方です。「やっぱりカベルナリア吉田さんは自転車で来店されているんですか?」と尋ねたら、店員さんが「カベルナリアさんがこちらに来店するときは、バスを利用されることが多いですよ」と教えてくれました(笑)。さすがのカベさんでもここまではつらいんですね。かなり親しそうな感じでした。

藤井　お遍路もバスや自転車利用よりも徒歩が尊ばれますから、仲村さんがカベさんを乗り越えるには……。

仲村　もちろん、ウォーキングで!

普久原　さすがに那覇からだと相当な距離がありますよ(笑)。

移民の父と闘牛場跡の社交街

普久原　久松食堂は店の印象としてはちょっと地味なので、よさが伝わりにくいのが残念ですね。でも、名前の由来を見ると、すごく地元愛があることがわかります。

藤井　沖縄県における海外集団移民を推し進めた教育家で、「移民の父」とも呼ばれる當山久三の「久」と、元琉球政府主席の松岡政保の「松」という金武町出身の有力者からそれぞれ一字取ったみたいだね。実は松岡邸は那覇の僕の仕事場の目の前にあります。

普久原　久松食堂のすぐ裏手側の金武町庁舎の隣に當山久三の記念像もありましたから、運命的な何かがあったのかもしれません。その記念像の後ろにある當山記念館★は、戦前の一九三五年に建てられたもので、築八〇年にもなる建物なんですよ。二〇一三年、取り壊

移民の父・當山久三と移住の父・仲村清司氏は未来を指し示す

うしなー社交街の入口。かつてここに闘牛場があった。写真左が久松食堂

しの決定が出たことに対して地元から保存運動が起こり、その翌年の二月に存続する方針が決まったところでした。

いかに當山久三が町民に親しまれているかを感じるエピソードだと思いました。銅像の方も一九三一年建立です。太平洋戦争時、金属回収のため撤去されたのですが、一九六一年に再建されました。再建者の一人松岡政保の夫人良子は當山の姪だそうです。

藤井 そういえば、久松食堂の隣にはうしなー社交街の入口があるよね。入口に大きなアーチ状の看板がある。古びたスナックが何軒かあります。営業しているのかな。

仲村 その看板、前にも見かけたんだけど、そのときはこれは「ウチナー（沖縄）」の間違いじゃないかという話になったんだ。でも、今日歩いて初めてわかったけど「闘牛場」の意味だったんだね。

普久原 街路の角に説明板がありましたね。もともとヤンバル（沖縄本島北部）は闘牛の盛んなところですが、「うしなー」は現在の牛納社交街の一帯を指す地名です。うしなーは沖縄方言で「闘牛場」を意味しています。明治の末頃から闘牛場があったようで、戦後は催し物会場にも利用されていたようです。昭和三六年に地形が平らに整備されて、現在のような社交街になったみたいですね。

仲村　かつて、そこに闘牛場があったことが名前からわかるようになっているんだね。途中で休憩させてもらったうしなー通りのナチュラル系ショップcasa natura★の方は、僕らが街歩きしていることを伝えたら、わざわざ分厚い金武町と並里区の史誌数冊を二階から運んで見せてくれました。

藤井　「うしなー」の名前の由来となった闘牛場の場所は、お店の人も知らなかったね。出してもらった古い地図で探してもわからなかった。丸い円形状のスペースがすぐ近くにあったから、ひょっとしたらそこかも。こういう街歩きをしながら、街の名前の由来や歴史を地元の人に聞いてまた歩くというのが醍醐味ですね。

再び、チーイリチャーで二度目の昼食

仲村　當山像とうしなー社交街を見ていったん国道に戻ってきたら菜菜という弁当屋があ

菜菜の謎のハーフ&ハーフ弁当。300円、なんという安さ

った。さっき「チーイリチャー街道」の話でも名前が出ていたお店だね。見たら、チーイリチャーと書いてあったから、思わず入ったら、残っていた惣菜がチーイリチャーとチラガー炒めだけで、お弁当にチーイリチャーとチラガー（豚の顔部分の皮）炒め両方を入れてもらって、ご飯を加えたらなんと三〇〇円だった。安い！　実は、僕は久松食堂に向かう車内から、動体視力であの弁当屋を認識してたんだよ。ふだんから野良猫探索で鍛えているからね。

普久原　猫センサーの活用範囲広いですね（笑）。すごい便利。

藤井　僕も、仲村さんが弁当を買おうとしている隣で、他の惣菜が気になって店員に話を聞いてみたんですよ。「チラガー」があると言うので「これも弁当に加えてください」とお願いしたら「値段が安くなりますけどいいですか？」と聞き返されました。最初は質問の意味がわからなかった。普通は、高くなるはずだよね。

僕はチーイリチャー弁当が四〇〇円で、チラガー弁当は三〇〇円の計七〇〇円になるのかと思ったんです。でも、「チーイリチャーだけなら四〇〇円ですが、半分をチラガーにすることで三〇〇円になります」という話だった（笑）。普通はハーフ＆ハーフって値段が上がるはずなんですけど。今もってよくわからない仕組みです。

仲村　金武ならではの方程式なんだよ。この街では他の食堂や居酒屋でもチーイリチャーをメニューに掲げていたね。菜菜の系列店の居酒屋じんじん★にも「チーイリチャーあります」って玄関脇の看板に書いてあった。

藤井　ということは、地元の人は酒を飲みながらチーイリチャーを食べているわけか。うらやましいなあ。とにかく、金武といえばチーイリチャーだということがよくわかりました。金武町のコースでは、まず久松食堂でチーイリチャーを食べて、帰りに菜菜などの弁当屋でチーイリチャーとチラガーのハーフ＆ハーフ弁当を買って帰る。弁当はすぐに食べてしまいましたけど、うまかったなー。

仲村　那覇や南部のチーイリチャーは豚じゃなくてヤギの血を使っているんじゃないのかな。国際通り近くの竜宮通りにある山羊料理さかえ★では、ヤギのチーイリチャーを出しているんだけど、久松食堂のチーイリチャーとはまたぜんぜん違ってた。

普久原　僕も久松食堂のチーイリチャーには驚きましたけど、これまで漠然と感じていたチ

居酒屋じんじんのメニューにチーイリチャーを見つけて喜ぶ藤井氏と仲村氏

ーイリチャーの臭みは、ヤギ特有のものだったのかな？　ただ、知り合いの畜産会社の人のお話によればヤギの血は料理に使えるほど多くとれないらしいので、豚血も使っているんじゃないかというお話でした。

藤井　なるほど、そうなのか。

普久原　食べ比べも面白いですね。金武では、豚の血を使っているので、臭みが少なくて食べやすいということかもしれません。

仲村　かつては、豚やヤギを潰すのは年に一、二度のハレの行事のときだけでしたから、チーイリチャーはご馳走だったと思う。モンゴルでは、家畜を解体するときに「一滴の血も大地に返さない」というのがあるらしいね。

藤井　遊牧民にとって家畜は捨てるところがないですよね。

仲村　戦後に、ハワイ移民が沖縄に豚を送ったエピソードがあります。金武町は移民が多かったから、つながりがあるのかもしれないなあ。

藤井　仲村さんは、チーイリチャーを食べてからなんだかハイテンションになって、急に頭に布を巻きだしたりしてさ（笑）。

普久原　久松食堂では「チーイリチャーは肩こりに効く」と言っていたのに、さっきは「肩が張る」とか訳がわからないことを言ってましたね（笑）。

仲村　うーん。肩こりに効くのは、ヤギの血の方だったかもしれない。それより、急に自分のＤＮＡが騒ぎだして、なにかこうアラブ人化していくような気分になっちゃって。

普久原　チーイリチャーにはＤＮＡを呼び覚ます効果があるのかも。なんせ血ですからね。

藤井　このあたりの廃墟が連なる景色はたしかに内戦状態の中東のような感じだったね。しかし仲村さんはアラブ人に見事になりきっていた。

仲村　僕の前世はイスラム教徒なんです（笑）。

金武観音寺と鍾乳洞古酒

藤井　では、次は金武観音寺★に行きましょう。僕はここにお参りするのはもう三度目ですが、シダ植物のオオタニワタリが群生していて、よく手入れされた庭がいいですね。仲村さ

写真はパレスチナに渡った元赤軍派のメンバー、ではなく我らが仲村清司氏

んの大好きな猫もたくさんいる。観音寺に行ったら、まず猫と戯れましょう。住職さんはお若そうなのに、箱庭もしっかり手入れされていて、猫の世話もしている。寺好き、猫好きとしては、まさに極楽ですね。樹齢約三五〇年のフクギもありますし、癒やしスポットとしても、パワースポットとしてもいけますよ。

仲村　それに、二〇円でおみくじを引けて大吉率も高い。

普久原　そこも売りなんですか（笑）。あと、建物が戦災を免れているというのも大きいでしょうね。

藤井　ここでまったりと時間を過ごしたら、観音寺の向かいにある鍾乳洞古酒蔵・龍の蔵★に入りましょう。鍾乳洞古酒と豆腐ようがうまい。豆腐ように関しては、いままで食べた中ではあの店が絶品でした。以前、あの店で買った豆腐ようをカルボナーラ風のクリームパスタにして食べたのですが、すごくおいしかった。

普久原　ブルーチーズ風の独特の臭みがあるから、パスタに合いそうですね。

金武町の由緒正しいお寺・金武観音堂

仲村　おもろまちにも支店があるけど、基本的に豆腐ようは予約販売だけでめったに売ってないから、そのためだけに金武に来る価値もあるね。

藤井　沖縄と言えば泡盛だけど、復帰にともなう特別措置で酒税の軽減が続いているから、おいしいものが安く飲めるんですよね。このことはどれほど、内地から来る観光客に知られているんでしょうか。

沖縄では酒税軽減措置が復帰特別措置法で定められています。酒税は泡盛で三五%、ビールで二〇%軽減されているんですね。泡盛業界は沖縄の基幹産業の一つですし、いまの沖縄経済の調子はいいとは言えないから、ここは守っていきたいところです。居酒屋で泡盛の四合瓶が期間限定で数百円で飲めたり、一定の時間までビールが百円で飲めたりする。沖縄はお酒が安いなあと実感するわけですが、それは沖縄では「戦後」がまだ続いているということでもあるんですね。

仲村　というより、復帰にともなう特別措置がずっと延長されているといった方が正確ですね。でもそろそろ酒税も本土並みになりそうな気配です。泡盛業界も自助努力しないと生き残れない時代がやってきそうです。

藤井　糸満編でも名前が出ましたが、那覇・安里の崇元寺通りにすみれ茶屋という沖縄のおいしい地魚を食べさせてくれる居酒屋があります。僕は近所なので常連なんですが、ここ

ヒートゥを手にほほえむ藤井氏

で沖縄の魚のうまさに開眼しました。マスターの玉城丈二さんからは「金武に行くならついでに名護まで足を伸ばしてヒートゥを買ってきて」と言われているから、今日も、帰りにいくつか名護市内のスーパーに寄っていきましょう。なかなか売ってないけど、マスターにお願いして味噌味でニラとニンジンを加えて炒めてもらいます。以前も一緒に食いましたよね？

仲村　うん。ヒートゥか。イルカのことですな。でも、たしかミンククジラのこともそう呼ぶんでしょう？　藤井さんと一緒に食べたのはミンクだね。どっちも臭いけど、イルカはもっと独特の臭みがある。

普久原　……（語らず）。

藤井　普久原くんは、あきらかに口に合わない様子だったね。

普久原　赤身部分はおいしいのですが、脂身部分の独特の臭みが……。

藤井　名護にはかつてイルカ漁があって、シーシェパードが聞いたら大挙して抗議しに来そうですが、よく食べられていました。でもいまはほとんどなくて、スーパーに入ってくるのはミンククジラの肉です。独特の歯ごたえと臭みがありますね。

精神科医の名越康文さんが那覇に来たとき、ちょうど僕が名護から帰るときで、ヒートゥを買ってすみれ茶屋で同じように調理してもらったら、彼もマネージャーも一口でやめてしまいました（笑）。丈二さんはこれをボイルして酢味噌でずっと食べていた。その食い方が一番うまいんじゃないかな。

仲村　うーん……。どんな食べ方をしてもダメでしょ、アレは……（笑）。鼻がひん曲がりそうになった。

辺野古集落で霊性に触れる

藤井　さて、金武町から辺野古にやって来ました。それにしても、辺野古の特飲街の壁はよい味わいしてますね。古い建物の壁マニアとしてはたまらないものがあります。

普久原　建築写真っぽく正面から歪みなく撮るとさらにかっこよさが映えますから。

藤井　辺野古というとどうしても、キャンプ・シュワブの金網のある浜が報道で映される

辺野古特飲街に残るかつてのバーの痕跡

キャンプ・シュワブの金網。「海を守れ」の旗が取り付けられている

から、そのイメージが強いですよね。「新基地が建設されようとしている闘争と分断の浜」というイメージです。でも辺野古の街はずっとキャンプ・シュワブと「共存」してきたから、街の中心部に行くとかつてバーだった建物がたくさん残ってます。

仲村　一九六五年の米軍の辺野古計画のときに反対運動をした人が、辺野古の崖下の旧集落に住んでいたんだよね。その子息はいまや容認派になってしまったけど、復帰前はまた別の展開がありました。

普久原　建築家の真喜志好一さんが、以前（一九六〇年代）も辺野古の海岸を埋め立てる基地計画があったという話をされていましたが、そのときの反対運動の歴史もあるわけですね。

仲村　今日歩いてみてわかったのは、この一体が本来の旧辺野古集落だったんだということです。

普久原　やはり神アサギ★（守護神を招いて祭祀をおこなう場所）を中

心として集落を形成していて、名前から考えて後《クシ》ヌ御嶽★と前《メェ》ヌ御嶽★が、本来は集落の端部だったのかも知れませんね。崖上側の特飲街は一九五七年に区画整理されたと入口の看板に書かれていたので、那覇市などの特飲街に比べるとやや後発の新しい街ですね。

　辺野古の特飲街側は、もともと日本本土に駐留していた海兵隊が地元の反対運動で追い出されるように沖縄に来た際に形成されています。その折にも現在のような基地受け入れ問題が起こっていた。様々な事情があったとはいえ、歴史をくり返しているのではないかと、いまの特飲街の姿を見ながら不安を感じたりはしますね。

仲村　神アサギやフクギ並木★周辺は、古くからの村落の風景なんだよ。

藤井　旧集落と特飲街などの配置の読み解きは重要ですね。

仲村　基地埋め立てを巡って問題になっている海側を見るのも重要ですが、こういう地元の人々の生活空間の成り立ちも見

辺野古の古集落にある
神アサギ

辺野古の古集落にある
後ヌ御嶽

辺野古の古集落にある前ヌ御嶽

た方がいいと思う。反対運動ももちろん大事だけれど、たぶん、辺野古以外から駆けつけて運動されている人たちは、集落側をほとんど歩いていないと思います。地元の人は別にしてね。辺野古の海だけでなくて、こういう街の伝統的な風景も含めて、どう残していけるかを考えることがこれからは大事だと思います。それが語り継がれていけばむやみな再開発はできない。環境保全を実行していくときの大事な鉄則です。

藤井　前ヌ御嶽は霊的な雰囲気があったなあ。車から降りたときに、あのまわりはあきらかに空気が違う感じがした。

普久原　でも、その隣で地元の方々が酒盛りされてましたね(笑)。独特の緩さを感じました。辺野古ではどちらかというとテント村に行く人々の方が多いので、御嶽を巡ってる人が珍しかったんじゃないですか?

藤井　酒盛りしてた人たち、びっくりしてましたね。それぐらい、人が来ないんだろうね。もったいない。本当に神秘的ないいスポットなのに。御嶽の横に普通に自動車を整備するようなところがあって、酒盛りしてたのはそこの人たちだけど、生活の場に「聖」の場所が隣接しているのはいかにも沖縄的な風景ですね。でも、やはり場所がわかりにくい。

普久原　神アサギ前で見かけた神屋の文章も興味深かったですね。

「感謝　この度、私の悲願であるN家祖先の神屋を建てることができました。この地は辺野古において古くよりジープ小（大屋）として祀られてきました。今後、先人たちの築きあげたことを後生に伝える道しるべとし、伝承していただければ幸いに思います」

どういう由来があるのかまでは詳しくはわかりませんが、念願だったんだなという思いは感じました。

仲村　肉声をそのまま碑文にしたような生々しさがあったね。神と暮らしていた先人たちの敬虔な思いも伝わってくる。最近は地場のこういう信仰の歴史を語り継ぐ機会や機運が急速に失われ、信仰の断絶が生まれつつあります。こういう文章を目の当たりにすると人々は何を大切に暮らしてきたかが実感できま

神屋。軒瓦の中央に三つ巴のマークが小さく見える

辺野古のテント村。辺野古海岸の埋め立てと新基地建設の反対の拠点となっている

かつての辺野古集落の様子。写真中央の右上が特飲街、中央の左下が旧集落（キーストンスタジオ提供・那覇市歴史博物館所蔵）

す。

普久原　神屋の軒瓦についていた紋所は、どういう意味なんですかね。

仲村　三つ巴だったね。

普久原　三つ巴の家紋を素直に受け取るならば、琉球王家に関係していることになるのですが……。

藤井　昔、久志集落の人に取材したときに、「自身の家系が王家だったかどうか調べてほしい」と言われたことがあるんだけど、それと同じように琉球王家の血筋ということなんじゃないかな。

普久原　自分の家系は琉球王家なんじゃないかと思っている人が、沖縄ではけっこう多いと思うんですよね。僕はすぐ、うさんくさいとか思っちゃう（笑）。

イタリアンレストラン、辺野古で飯を食べる

藤井　辺野古特飲街にあるイタリアンレストラン★はこのあ

たりでも唯一開いているお店なんだけれど、実はイタリア料理屋ではありません。メニューにあるのはAランチ定食みたいな洋食なんですよ（笑）。僕はもう何度も行ってますが、「メニューにないものを出しましょうか」と言われて、タコライスの具で炒めた辛めの「タコライス焼きそば」を出してもらったことがあります。ジャンクな味でやたらうまかった。

バーカウンターの壁には普天間のCINDYのようにドル札がびっしり貼られていて、これも米兵が戦地へ赴く前に名前を書いて貼っていったものですね。かつてはAサインバーとしても流行っていたことがわかります。

仲村　メニュー表に並んでいるのは、七〇年代頃からの古いメニューですね。ドライブ・イン・レストランも同じようなメニューになっています。やはり基地の影響を受けたメニューってことでもあるんですね。

普久原　アメリカ式八宝菜のチャプスイという中華風料理もメニューの中にありましたね。僕は知らなかったのですが、基地の影響の高いレストランや定食屋などでは定番メニューのようです。八宝菜より緩い感じで、普通の八宝菜の写真と比べると彩りが少ない気がします。

辺野古のイタリアンレストラン。名前とは異なりイタリアンではない

『ホテル・ハイビスカス』のモデルとなった建物

イタリアンレストランの定番メニュー・チャプスイ

藤井　韓国に行っても、チャプスイのように、韓国人の舌に合わせたナンチャッテ中華料理があったりするから、世界中にあるんですよ。

普久原　ある意味では、食文化の広がりには国境がないのですごいですね。

藤井　辺野古はそのタイムトリップしたかのような雰囲気から、多くの映画のロケ地として使われてきたんです。有名なところでは中江裕司監督の『ホテル・ハイビスカス』ですね。ホテル・ハイビスカスという架空の民宿を実際の建物★を使ってつくって、そこを舞台にした。交番の前の二階建ての建物がそうなんですが、いまは何も使われていないようです。実はよく見ると入口のガラスの部分に「ホテル・ハイビスカス」と書かれたものが残っています。「映画のセットみたいな街」ということでもあるんでしょうね。ロケ地としてうまく残して使う方法はないのかなと思うけれど、いま基地工事がはじまるのと同時に建設会社関係の事務所がどんどんつくられはじめていて、少しずつ雰囲気が変わりつつあります。前にバーをやっていた女性に話を聞いたら、たとえばフラミンゴというバーの建物はこのあたりのランドマーク的なスポットなのですが、オーナー一族とは連絡が取れなくなってしまっているそうです。

崔洋一監督の『友よ、静かに瞑れ』(原作・北方謙三)も一部のセット(娼館)をのぞいて全て辺野古ロケです。主演の藤竜也がイタリアンレストランでハンバーガーを食って、地元の人に絡まれるシーンとかもあります。藤竜也が街中を走り回ってますね。一九八五年公開なので、現在よりも建物が残っていて、かつての街並みがよくわかります。僕は沖縄ロケの映画は当時の街の風景の資料として観てしまうなあ。

仲村　街並みと言えば、辺野古の問題は海の埋め立てだけではなく、その当該の土地の風景にも顕著にあらわれていることがよくわかるなあ。つまり、お金が落ちている家とそうでない家……。もっと言えば儲かっている土建関係と寂れていく一方の飲食店。土建屋さんの家は新築したばかりの豪勢な造りで、ヤマト式の瓦が葺《ふ》かれたいわば「御殿」だもの。

普久原　逆に飲食店は営業しているかどうかもわからない。一口にアメとムチと言うけど、

辺野古の特飲街を歩く普久原氏。建物の看板を指さして説明中

アメの落ち方にも多寡がありすぎて、露骨ですね。

藤井　よく住民同士の分断と言われるけど、街を歩くと、辺野古はもうここまでやられてしまったのかと、暗澹《あんたん》たる気分になってきます。

仲村　しかも、今年（二〇一六年）は選挙イヤーで、重要な選挙が続く。オール沖縄は試練の年になるけど、安倍政権は選挙結果次第ではうまく誇大喧伝して、沖縄は一枚岩でないことを強調してくるはずです。新基地建設問題は今年が正念場になることは間違いない。

普久原　メディアが辺野古の機動隊の暴力的な過剰警備をだんだん内地に伝えなくなっていますね。

仲村　そう、オスプレイの違反飛行も日常茶飯事になっているのにまったく伝わっていない。実は僕の住んでいる那覇の自宅はオスプレイの飛行コースになっているって知ってた？

藤井　ええ？　そうなんですか？

仲村　それも、事故率の高いヘリモードで頻繁に飛行している。周辺は住宅密集地帯で、病院通りと呼ばれるほど医療施設がたくさんあるでしょ。だから、世界一危険なのは普天間だけではないんだね。那覇や名護も含め、沖縄全体が常時危険に晒されていると知るべきなんです。普天間を返還するために辺野古を半永久的な危険な地域にするような選択はできませんよ。

藤井　危険性の除去は移設ではなく、基地の閉鎖によってこそできるということを忘れちゃダメだね。

本部町・備瀬集落のフクギに見惚れる

仲村　辺野古の旧集落内には小規模ながらも美しいフクギの並木道がありますね。フクギというのは本当に成長に時間がかかる樹木なので、ここまで育ったフクギの並木はとても貴重なんです。辺野古でフクギの並木道を見たら、ちょっと足を伸ばして、本部町の備瀬集落に行ってみましょう。備瀬のフクギ並木★は観光地としてとても有名です。

普久原　備瀬のフクギ並木の風景は映画ロケ地としても誘致しているほどの観光資源です。ちなみに、美ら海水族館★からも近いので観光客にお勧めしている場所だったりします。

備瀬集落というと僕ら建築系の人たちの間では住まい方の類型の一つとして紹介されることが多いですね。塀を巡らせるかわりにフクギを植えることで、夏の直射日光を防ぎながら涼しい海風を通す工夫が見られますし、台風対策にもなります。それを地域単位で維持している場所ですから。

備瀬のフクギ並木のトンネル。美しい絵になる風景だ

仲村　フクギの葉は厚いので風を切る役目を果たしています。台風の暴風もこの厚い葉のおかげで威力を削がれるんです。家を風から守るための先人の知恵には美意識と機能美が生かされていますね。ものすごい発想だと思いますよ。

藤井　備瀬集落のフクギ並木は長年、沖縄通いを続けていても行ったことなかった。

普久原　ある意味、フクギって沖縄では嫌われている木でもあるんですよね。葉や実を地面に多く落とすんです。特に地面がアスファルト敷きの場合、潰れた実がこびりついて強い匂いを放つので嫌がられますね。だから、毎朝の清掃が欠かせません。

備瀬は地域としてそういう不便さも受け入れつつ良好な環境を守っている場所だと思います。あと、写真好きの方なら、夕方ではなく朝方に訪れることをお勧めします。フクギ並木のトンネルから海が見えるショットが逆光にならずに美しく撮れますよ。

仲村　いかにもCDジャケットなどに使われそうなシーンだよね。

普久原　備瀬集落のフクギ並木は一七世紀の琉球王朝時代の高官・蔡温《さいおん》の政策によって形成されたものだということを『これが沖縄の生きる道』の仲村さんの話で初めて知りました。当時の村の人々の知恵で自然発生的に形成したのかと思っていましたが、上からの政策だったということで驚きました。

仲村　木の伐採を制限するために国有林化した杣山《そまやま》政策と同じなんだよね。

普久原　備瀬集落で会ったおばあさんたちはいろいろなことを教えてくれて、ガジュマルの根元に祀られていた石についても話してくれましたね。土地測量の基点として使われていた石だったようで子軸石《ニージクイシ》と呼んでいました。本来は道の真ん中にあったそうですが、自動車通行などで支障が出るようになったので寄せてしまったようです。沖縄には伊能忠敬より前に近代測量技術によって作成された国の重要文化財「琉球国之図」がありますけれど、もしかしたら、その際に検地で使われていた印部石《しるびいし》だったかもしれませんね。他にも北の岬にある

辺野古の竜宮神の拝所。辺野古漁港の先端にひっそりとある

測量の時に基点として使われていたらしい子軸石

竜宮神の話をしてくれました。備瀬の竜宮★は沖縄の七竜宮の一つにも入っているそうです。

仲村　辺野古にも竜宮神の拝所★があったね。

普久原　『辺野古誌』（辺野古区事務所）を読んだ限りでは、辺野古の竜宮神は戦後に設置されているらしくて比較的新しかったですね。

藤井　仲村さんはあそこで会ったおばあさんたちから育てているニラを大量にもらって、素手でニラを掴んだまま、ずっと街歩きすることになりましたね。いまも仲村さんからずっとニラの臭いがしてる（笑）。

仲村　おばあの親切でよくパパイヤやバナナなどを分けてくれるけれど、ニラは初めてだったな。僕もすごく臭くて大変なんだよ（笑）。

普久原　若い頃に本土での生活経験のあるご年配の方の話は、訛りが少なくて聞き取りやすかった。もう一方のおばあさんは、大阪生まれのウチナーンチュ二世でした。

仲村　じゃあ、僕の先輩だ。僕も大阪生まれだから。

藤井　並木のトンネル向こうに海と伊江島が見える。夕暮れの備瀬の海岸はのんびりしていていいですねー。地元の方が犬と散歩してたりして。しばらく佇んでいたい気持ちになりました。

以前、母親を連れて伊江島タッチュー★に上ったんですよ。標高はそれほどないのですが、それでもけっこう、息が切れた。「もう上るのやめよう、誠《せい》ちゃん」と途中で何度も言われた。

仲村　「誠ちゃん」と呼ばれているのですか！

普久原　友人の家に電話を掛けたときとか、家族内の呼び名を聞いてショックを受けるときがありますね（笑）。

藤井　「誠ちゃん」でショック受けないでよ。ちゃんと母親の背中を押して、岩肌を這うように登っていく急階段を登りきり、頂上を制覇しましたよ。

仲村　伊江島の南側にある水納《みんな》島《しま》もよく見えるなぁ。あの島も、集落は基本的に一方に偏っている。

おばあにニラをもらう仲村氏。臭いのためかどこか虚ろな表情だ

伊江島タッチューは、伊江島の中央にそびえる岩山で、聖地となっている。写真中央左の海の向こうに見えるのが伊江島タッチュー

普久原　やはり水源の場所と関係があったりしますか？　伊江島も北側の崖下に湧き水がありましたよね。

仲村　その湧き水を泡盛の醸造にも使っているよね。水のあることが集落を形成する条件だから。それで畑ができるかどうか決まる。八重山には湧き水のない島もあるから、田植えのできる島と田無し島があるんだよ。小浜島は山があるから水を涵養できるんだけど、竹富島は水が確保できなかったりするし、黒島の表土は一メートルもない。

普久原　表土が薄すぎると保水能力も期待できませんね。

仲村　だから、栽培できる農作物も限られるんだよ。それなのに、琉球王府時代は稲作をして米を納めるように強いられた（人頭税《にんとうぜい》）ので、黒島の人たちは西表島に渡って開拓しようとしてマラリア被害に遭い全滅するなどの悲惨な歴史もあります。

普久原　戦前の西表炭鉱も悲惨な話が多いですよね。今でこそ、八重山はリゾートの明るい印象が強いのですが、歴史的には暗いイメージがありますね。

藤井　仲村さん、猫を発見しましたよ！
仲村　おお、ゴロニャン♪　いい子だ、いい子だ。ゴロニャン！
普久原　あのー、仲村さん。先ほどのおばあさんから頂いたニラの香りのせいで避けられてますけど。

ニラの異臭により猫ちゃんにそっぽを向かれる仲村氏。ガン無視されている

幕間

辺野古ゲート前

テント村の歩き方

ゲスト：横山知枝

藤井　今回は名護市辺野古のキャンプ・シュワブゲート前の歩き方です。辺野古の新基地建設に反対してゲート前で座り込みをされている横山知枝さんにお話を伺いたいと思います。

横山　よろしくお願いします。

藤井　横山さんは仕事で沖縄に移住されるまではこういう社会運動みたいなことをやっていたんですか？

横山　いえ、まったくやっていないです。はじめは単純に海がキレイだなと思って沖縄に来て、そのうちにこの問題について詳しく知るようになって座り込みをはじめたんです。

仲村　基地推進派の間では、辺野古で活動している人たちは「プロ市民」だっていう話がまことしやかにささやかれているけど、そもそも「プロ」ってどういう意味なんだろう。

横山知枝さん。大浦湾の海上にて

お金をもらって活動しているってこと？　率直に伺いますが知枝さんはお金をもらっていらっしゃるんですか？　ここで白黒をはっき

りつけましょう（笑）。

横山　もらってませんよ（笑）。

藤井　日当二万円くらい？（笑）

横山　いえ、最近ちょっと上がった……って冗談ですよ（笑）。

仲村　いや実は僕も活動歴が長いのでよく知っているんです。運動すればするほど持ち出しが多くて貧乏になっていく。ところで、知枝さんは毎日辺野古に行かれているんですか？

横山　平日は働いていますので、基本的には週末だけです。

藤井　「プロ市民」っていう言葉は、小林よしのりさんが『ゴーマニズム宣言』で使ったことによって広がった概念だと思います。厳密には「社会運動や市民運動で食っている」という意味で「プロ」と呼ぶんでしょうが、現在では運動でお金をもらっているか否かにかかわらず、単に左派的な活動歴が長い人をそう呼ぶようになっています。かなり曖昧かつ広い定義で使われていて、ある種のレッテルみたいになってしまっています。

仲村　じゃあ、僕も立派なプロ市民ですね。沖縄のデモに数え切れないほど足を運んだり、東京や京都の集会やデモにも学生の頃から、もう三〇年以上関わったりしていますから。

藤井　仲村さんは病弱で、わりとすぐ入院するからプロ市民じゃないよ。アマ二段くらい（笑）。

仲村　え、健康状態も関係あるんですか？プロは屈強かつ健康が必須条件と言うなら、ひ弱な僕は「アマ市民」か。なんか、頼りないなあ（笑）。それにしても市民運動をする人がいて何が悪いんでしょうかね。

藤井　いまはプロ市民って言葉はネトウヨ

的な考えの人が左派的な活動をしている人のことを指す場合に使うんですけど……。バカにしたニュアンスですよね。

仲村　僕は右利きの左巻きですが……。お金をもらったこともないから、サヨクというよりムヨクかな。

藤井　足して二で割れば中道ムヨク！（笑）

普久原　でも、運動でお金をもらっていると言うのでしたら右翼の人もたくさんいますよね。最近の沖縄では、本土から右翼がやってきて活動していることも多くなりました。

藤井　そうだよ。でも右翼はプロ市民とは言われない。

仲村　白状するけど、僕ははじめプロ市民ってプロレタリアート市民のことかと思ってた。

藤井　ぜんぜん違います（笑）。

横山　でも、辺野古に来ている人を見ているとそういう「活動家っぽい人」は意外と少ないですよ。いままで社会運動に無縁だったけど「なんだか大変なことになっているから行かなくちゃ」と思って来ている人もわりと多い気がします。あとは沖縄のおじいとかおばあとか、仕事を定年されて、座り込みに来る時間がとりやすい人とかが多いですね。

仲村　たしかにそうですね。以前、辺野古の浜で現在の翁長知事が参加した集会には家族連れも多かったので印象に残っています。

普久原　犬を連れて来ている人とか、ラジコンを持って来ている子どももいましたね（笑）。

藤井　昔は労働組合の動員とかで内地から来ていた「活動家」も実際に多かったみたいですけど、最近はほとんどいないと聞きました。いまは組合もお金がないし、組織の人数も少なくなってきているから。

普久原　でも、いまだにその頃のイメージが残ったまま語られ続けているんですよね。

仲村　沖縄の基地問題は一部の民族排外主義者みたいな人の声ばかりが大きく取り上げられているのが問題なのかもしれません。実際にはそういう人は少数ですが、外側から見るとちょっと怖いという印象を持っている人もいるんじゃないでしょうか。

県外から辺野古に支援に行こうとしても、「内地から沖縄の問題を利用しに来ている」「ヤマトンチュは内地に帰れ！」といった声が一部の人からあって、尻込みをしてしまう人もいると聞きます。そういう過激な排外主義者はふだん辺野古に来ているんですか？

横山　私も内地から来て座り込みをしている人ですけどね（笑）。でも、そういうことを言う人たちはふだんはほとんど辺野古に来てないですよ。人手が足りないからみんな時間をつくって一生懸命来ているし、たとえば沖縄平和運動センターの山城博治さんは全国の講演会で「ゲート前に来てください」と頭を

キャンプ・シュワブのゲート

下げてまわってるんです。なのに「ヤマトンチュは沖縄に来るな、既存の運動を利用するな、ヤマトで運動をやれ」と言われて、沖縄行きを思い留まった人もいるという話は現場にも伝わっていて、頭を抱えています。

実際に来てみれば、現場で指揮してる人たちも座り込みに来てる人たちの多くもウチナーンチュだとわかるのに、「内地の人が運動のイニシアチブをとるようになった」とか誤った批判をされてしまうのは悲しいことですよね。

藤井　沖縄県外から来ている人に対して「植民者」呼ばわりしているごく一部の人たちが率先して座り込みに来ているのなら、まだ一貫していると思うんですが、そういうわけではないんですね。

横山　そうですね。もちろん沖縄独立とか基地引き取りとか、いろんな運動があっていいと思います。でも、国や権力を批判するのではなく、沖縄の現状に心を痛めて、時間やらお金やら日々の生活やらをなんとかやりくりして、一番しんどいゲート前や海上に出て体を張って踏ん張ってる人たちを槍玉にあげるのは残念だし、足を引っ張ることでしかないと思います。だって辺野古はいま止めないとつくられてしまうんですよ。ものすごく切羽詰まってる、最も厳しい現場を叩いてどうしたいのかと。

ただ、この問題は難しいところがあって、たとえば沖縄県警の方と座り込みの人が揉めたときに「あなたも沖縄人なのになんで座り込みを排除するんだ！」という声があがりますよね。沖縄の人が沖縄の人に向かってそういうふうに言うのはわかるんだけど、内地の人が同じ調子でそれを言うと何か意味が違ってきちゃうということはあると思います。そういう意味では、内地の人が同じ土俵に立っちゃいけないところもあるとは思います。
それでもゲート前の仲間たちは「共に泣いてくれる人を追い出して、誰と闘う?」と言って励ましてくれて、もうほんとそれだけで十分だなぁって、泣きました。一番しんどいところにいる人たちと共にありたいです、私は。私だけじゃなく、辺野古に来ている人たちは、みんな同じ気持ちだと思いますよ。だからヤマトには帰りません(笑)。

普久原　政治的発言をする際の「当事者性」と「沖縄人」という血の問題がごっちゃに語られすぎているのかなという印象を持ちます。誰が当事者なのかという問題と、血の問題は必ずしもいつも一致するわけではないと思うんです。国防のあり方をどう考えるかという視点であれば、程度の大小はあれども国民はすべて当事者性を持っていることになりますよね。

仲村　当事者性ということだと、実は普天間基地のある宜野湾市だけが基地の危険性の当事者っていうわけでもないんですよね。名護市でも辺野古区は基地の誘致に賛成している人が多いようですが、それで「辺野古の当事者が賛成している」というのもおかしいですしね。
たとえば、季節によっては那覇や近郊都市の住宅地のすぐ真上をオスプレイが危険なヘリモードで飛んでいます。オスプレイの飛行ルートにあたる地域は全部危険性があるんですよ。だから、「世界一危険」だと言われる普天間基地を辺野古に移せば、基地の危険性が除去されるかっていうと、そんなことはない。北部の方はさらに危険になるし、機能強化された新基地が稼働すれば、沖縄本島のあちこちに危険をばらまくことになります。基地撤去以外に本当の危険性の除去なんてありえないと思います。

藤井　沖縄の「血」との関わりでこの問題を語ろうとするとき、沖縄は「一枚岩」だという前提があるけど、決してそうではない「現実」と向かい合わねばならないしんどさがある。一方で、沖縄に対する「内地」人である自分との関係を考えることも重要だとも思います。沖縄の人たちが「ヤマト」に対してどう思っているのかを知ること自体は大事なことだから。

そういう複雑な問題を肌で感じるためにも、ぜひ辺野古には足を運んでもらいたいですね。この本は「沖縄のディープな観光案内」がテーマなんですが、やっぱり観光客がツアーで辺野古を見に行くことはなかなかできないですよね（笑）。でも、これだけ辺野古の問題が話題になっているから「見に行かなくちゃ」と思っている人は多いと思うんですよ。特に何度も沖縄に来ているリピーターの観光客はそういう気持ちを持っているけれど、やっぱりハードルが高いんだと思います。

横山　たしかにいまのテント村はちょっと近寄りにくい雰囲気があるかもしれないですね。それはみんなもわかっていて、最近はいろいろと趣向を凝らしているんですよ。たとえば、辺野古文庫っていうのをつくって図書館みたいに本をたくさん置いたりしていますし、写真展やワークショップをやってみたりとか、そういう活動もしています。単純に「辺野古ってどうなっているのかな？」っていう興味で立ち寄った人でも、できるだけ参加しやすいようにしたいですね。

藤井　そういうところを入口にするとみんな来やすいですよね。

仲村　ゲート前に並んでいるテント村★は横

に長いから、はじめての人はみんな受付を探すらしいよ（笑）。

普久原　たしかに、インフォメーションセンターみたいなものがあるといいかもしれませんね。「はじめての方はこちらへ」という。

辺野古の座り込みを続けるテント村の人たち

仲村　初診受付みたいな（笑）。

横山　現在は、はじめて来た方はまず浜辺のテント★の方に案内することになっています。そこでざっと全体の説明を聞いてもらって、その後にゲート前にご案内するのが一般的です。

普久原　なるほど。

横山　いきなりゲート前に行くと、やっぱり時と場合によっては緊迫していますから。たとえば、県警や機動隊とか、あるいは右翼団体なんかともめごとがあった直後に、ふらりとはじめての方が来られても現場では「それどころじゃないんだよ！」ってなってしまいますよね。そうするとお互いにとって感じがよくないので、はじめての方はまず浜辺のテントに行くのがいいんじゃないかと思います。パネルなどもあって、いろんな説明を受けられますから。

仲村　じゃあ、辺野古の初診受付は浜辺のテント、再診はゲート前ということで（笑）。

浜辺のテントで説明のパネルを読む藤井氏

藤井　たしかに、ゲート前はピリピリしているときもありますよね。座り込みの応援に来る人もいれば中には単に冷やかしで来る人もいますしね……。

横山　そうなんですよね。はじめて来られる場合注意するポイントは、「来てすぐにカメラを構えない」ってことじゃないかと思います。この前もそれで揉めたことがありました。ちょうどタイミング悪くネトウヨの人たちがゲート前に来て揉めた直後に、フリーのジャーナリストの方がいらっしゃって。その方はその前に何があったのかは知りませんから、普通にカメラを構えて撮影しようとしたんですね。そうしたら「お前、なにしにきたんだ!?」っていう言い合いになってしまいました。

藤井　最初にピリピリした場面に出くわし

てしまうと、その後行きづらくなっちゃいますよね。

横山　現地の事情を説明しても、自分の取材方法を絶対変えないっていう人も中にはいらっしゃいます。「こっちは来てやってるんだから、ありがたく受け入れろよ」みたいな……。

普久原　「いきなりカメラを構えるのは誤解を生みやすいので止めた方がいい」というのは、ゲート前の歩き方としてきちんとアナウンスしておいた方がいいですよね。意外とみんな知らないと思うので。ファーストコンタクトで失敗された方とか多いんじゃないかな？

仲村　僕みたいな口下手な人間がゲート前に行くと、「どうしたらいいんだろう？」ととまどいながら歩いているうちにテントを通り過ぎてしまう。それで、また戻ったりしたら怪しい人間に思われそうだから、なんとなくそのまま素通りしちゃったりしてね（笑）。

藤井　仲村さん、それ、実際にやったことあるんでしょう？（笑）

仲村　ご指摘の通りです（笑）。

普久原　政治的衝突の現場でもあるわけですから、やっぱり何かあると座り込みの人はどうしても防御的・警戒的な姿勢をとってしまいますよね。辺野古に来る人も、ここにはそういう事情がある、ということを前提の上で来ていただいた方が、不必要なもめごとを起こさないですむかもしれません。

横山　あとは、交通手段の一つに島ぐるみ会議の「辺野古バス」に乗ってくるという方法もありますね。バスは毎日那覇から出ていますし、宜野湾や西原町などからも週一くらいで出ています。車内ではお菓子が配られたり、はじめての参加者も少なくないので、一人でふらりと行くよりも気分的に敷居が低いと思います。

仲村　さっき、テント村でのワークショップの話がありましたが、みんなで一緒に作業するっていうのは大事なことかもしれませんね。そうすると参加意識が出てきますから。単に座り込んでいるだけだと襲撃に対して備えている感じがして、はじめての人にはやっぱりハードルが高い。

普久原　この本では辺野古の旧特飲街なんかも歩きましたけれど、いきなり座り込みをやるのも敷居が高いから、まずは辺野古の街を歩くことからはじめてみるのもいいかもしれませんね。

仲村　そういうツアーは大事だと思います。辺野古の歴史もわかるし、この海がなぜ大事なのかということもよくわかる。本当は辺野古の海というのは沖縄の民俗信仰から見てもとても貴重で重要な場所なんですよ。

普久原　沖縄の伝説では龍神が卵を産む場所が七つあるそうです。その一つがたしか辺野古の海と言われていますよね。

仲村　しかも、最近になって王朝時代の碇石が海底で発見されました。研究者の間でも考古学的な大発見と言われています。辺野古はもっと研究がされなければならない場所と言えますね。

普久原　そういう意味では反対運動に加えて、辺野古の文化的な重要さを「見せる」という活動も必要かもしれません。

仲村　そのいい例として僕も参加した石垣島の白保の闘いがあります。一九八〇年代に新石垣空港建設予定地として候補に挙がった白保海岸では、埋め立て反対派のウミンチュが島内外を問わず、訪れる支援者をダイビングに連れて行ったり、一緒に漁に出かけたりしていました。参加者はシュノーケリングをするだけでも、その美しい珊瑚礁が長い時間をかけて生態系にどのような役割を果たしてきたのかを目の当たりにすることができたのです。

白保の珊瑚礁がその後世界的に知られるようになったのも実はこの反対運動がきっかけでした。「珊瑚でメシが食えるか」と推進派は主張していたけど、その珊瑚が「魚の湧く」と言われた豊穣の海の生態系を構築していて、実際、漁と海藻を採ることで子どもたちを大学まで行かせていた家庭もあったんですね。つまりは珊瑚が先祖代々の人々を養っていたのです。また、その珊瑚が世界的な環境保護団体に注目されて、反対運動の輪を広げ、多くの人と連帯していくことで大きな力につながりました。

現在の辺野古の大浦湾も珊瑚の大群落が発見されています。実際に潜ったり、グラスボートで見せたりすると、こんな貴重な自然を軍用基地として埋め立てるのか……という気持

辺野古の海上の様子。海上保安庁の船が見える

ちになる人も多いと思います。

横山　大浦湾の美しさ、すばらしさを一人でも多くの方に知っていただくために、ヘリ

キャンプ・シュワブと辺野古の浜を隔てるフェンスには様々なメッセージを記した旗が取りつけられている

基地反対協では、辺野古基金へいただいた全国のみなさんからのカンパを使って、「ゆがふ世」というグラスボートを購入しました。なぜかいまだに許可がおりないという嫌がらせとしか思えない状況ではあるんですけど、許可がおりたら、みなさんにすばらしい珊瑚の海をお楽しみいただきたいです。あの海を好きになれば、なんとしても守りたいって今以上に強く思うはずですから。

藤井　そうですね。名護市会議員を務めている東恩納琢磨さんは、エコツーリズムで大浦湾の自然を観光客に見せる活動もしておられるし、そういうツアーに合わせて参加してみるのもいいと思います。横山さん、ありがとうございました。

第7章　首里編

三バカ男、都大路をまかり通る

街歩きルート

首里そば

達磨峰西来院

首里城公園

首里森御嶽

旧日本軍第三二軍司令部壕

守礼門

綾門大道

玉陵

龍譚通り

首里劇場

首里は那覇市の北東に位置する区域で、かつての琉球王朝のお城(首里城)があった王都です。現在も観光地として賑わう場所ですが、ここではちょっと「通」のための首里歩きの仕方をお教えします。実は、現在の首里のメインストリートは最近になって拡張された通りで、由緒ある古都の大手通りは別のところにあるのです。この首里の「歴史街道」を歩いてみると、遠い琉球王朝時代の沖縄の姿が浮かび上がってきます。歴史あり、食べ物あり、エロスありの粋な首里の歩き方をどうぞご賞味ください。

首里そばから街歩きスタート

仲村　今日はお昼ご飯を首里そば（首里本店）で食べることからスタートしようか。幕間のそば編でホワイトカラーそばの代表格として取り上げたところですが、なんせ那覇で一番人気の店だからね。ここは素通りできない。

普久原　たしか、一日数十食限定と決まっていたような気がしますが、まだお昼前なので大丈夫でしょうね。

藤井　首里で有名な沖縄そば屋の味を継承したお店なんですよね。

仲村　そう。昔ながらの製法でつくられる手打ち麺だから、提供できる数に限度があるんだ。麺は強いコシがあって、食感がぼそぼそしているね。十割そばの小麦粉版みたいな感じがする。首里そばは住宅を改装した店だけど、客席をどんどん拡張している。以前は、奥座敷側を住居として使っていたもの。

藤井　客層を見ると中国人の観光客が多いですね。向こうのガイドブックにも載っているのかなあ。

普久原　中国でも日本式ラーメンがウケているそうですが、沖縄そばも似たように流行してたりするんですかね……。沖縄そばって僕が子どもの頃は大衆食堂などで食べるイメージだったのに、九〇年代末ぐらいから「沖縄そば屋」として専門店化しはじめましたよね。

仲村　そうだね。専門店化するにつれて、内装がおしゃれになって、味も格段によくなっていった。幕間（沖縄そば抗争）でも話したけど、大衆食堂の沖縄そばとはもう完全に差別化されている。その傾向が顕著になっているのが那覇だね。

普久原　しばらく前に、速水健朗さんの『ラーメンと愛国』（講談社現代新書）という本を読みました。ラーメン屋が作務衣を着て、ヘタウマの字でお品書きを書くようになる一連の流れを、沖縄そばもまったくなぞっているような気がしました（笑）。ラーメンが国民食化する過程と同時並行的に、沖縄そばが郷土愛を確認する食べ物になっているような気がして面白かったです。

あと、『ラーメンと愛国』には米軍の占領政策の一環としての小麦粉提供の話があります。アメリカで収穫量が増えすぎて価格が下がりそうな小麦粉を、占領国に提供して味に慣れてもらい、輸出相手国としての土壌を固めたのではないかということでした。たぶん、沖縄そ

首里そば本店の外観

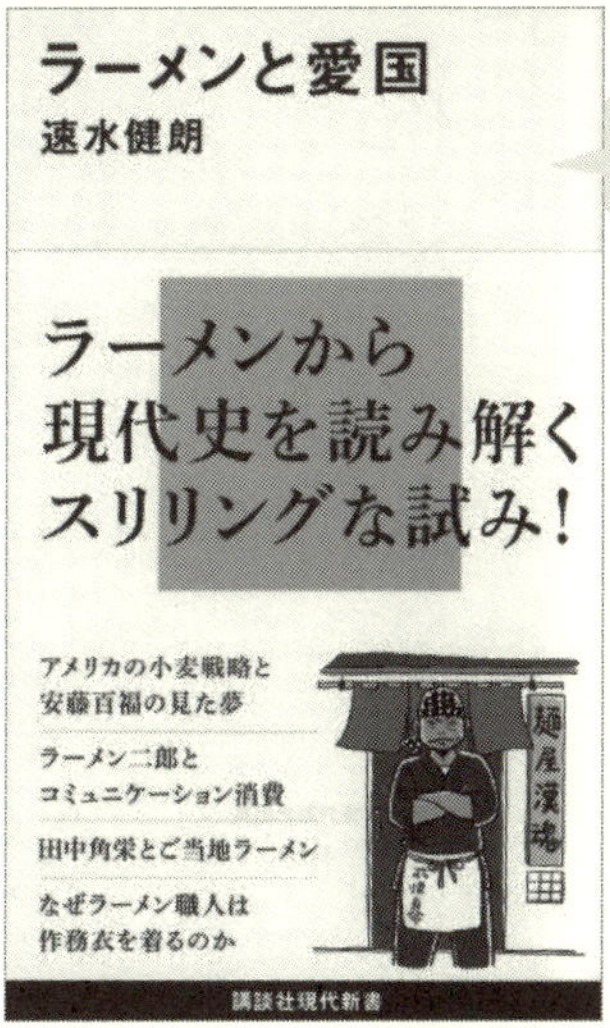

速水健朗『ラーメンと愛国』
（講談社現代新書）

ばも同様に、戦前はいまほど食べられていなかったんじゃないかと思ってます。

藤井　僕は那覇市のあさと御殿★の灰汁をつなぎにした麺が好きなんだけど、小麦粉百％の沖縄そばのルーツは、明治時代に中国人が木炭に上澄み液と小麦粉を混ぜて麺を打って、汁麺にしたのがはじまりと言われていますね。だから、中国人にはなじみのある味なのかも。それが、いま普久原くんがふれたみたいな復興・支援物資の供給とも相まって、一気に沖縄のソウルフードになっていったのかもしれない。

仲村　首里そばの麺も基本的には同じ製法ですよ。実は中国と関係の深い長崎のちゃんぽん麺も灰汁をつなぎにしているんです。長崎ちゃんぽんの元祖は大浦天主堂下にある四海楼というお店で、初代の店主は中国の方です。ですから、伝統的な沖縄そばの麺と長崎ちゃんぽん麺は中国系の同類と言えそうです。

普久原　それにしても、ダシも透明で、あっさりした味でおいしいですね。

仲村　僕が移住した二〇年前はぬるくてコシのない店が多かったので、いつ脱島しようかと懊悩した時期があったけど、首里そばの存在を知ったおかげで、「これで沖縄に住める！」と決意しました。一日一麺主義の我が人生の来し方行く末を決定づけたお店です（笑）。

仲村氏、達磨峰西来院で水子を供養す

仲村　首里そばでお腹を満たしたところで、次はいきなりパワースポットへ移動しましょう。達磨峰西来院★です。文献によれば、開山は十六世紀頃で、開祖は球陽國師《チューヨーコクシ》・菊隠禅師だそうです。菊隠禅師は京都臨済禅の大徳寺の古渓《こけい》禅師に師事した人です。現在の西来院は大徳寺派ではなく、同じ京都の臨済宗妙心寺派の末寺になっていますね。

普久原　臨済宗妙心寺派というのは何ですか？

仲村　妙心寺も京都臨済禅の大御所で、京都に総本山、つまり本社があるので、西来院はその支部ということだね。禅宗は釈迦の教えに忠実で解脱が目標だから、浄土真宗と同じく霊魂の存在とか祟《たた》りについては否定的なの。

普久原　中国の儒教や道教に、精神（魂《こん》）と肉体（魄《はく》）のそれぞれを支える気の意味として「魂《こん》

首里随一のパワースポット・達磨峰西来院

魄《ぱく》」という言葉がありますね。心と身体を分ける発想はけっこうポピュラーだと思いますけれど、禅宗ではそのように分けて考えることはないわけですね。

仲村　難しいこと聞くなあ（笑）。中国の魂魄観では死によって魂は天に昇り、魄は死者とともに地下で暮らすことになる。秦の始皇帝の兵馬俑がいい例です。ところが仏教は、身心脱落して「無」や「空」の境地を目指す。死んだら「無」になるから、そもそも化けて出るという考えがない。ある意味無神論というか、宗教というより哲学的で、霊魂についてはクールすぎるほど客観的なスタンスをとっています。すっきりしているよね。

普久原　もうひとつわからない表現があります。「球陽國師」って何ですか？

仲村　「球陽」とは琉球、つまり沖縄のことなんだ。だから、開祖の菊隠宗意《きくいんそうい》は琉球出身の僧なの。

藤井　そういう意味なんですか。知らなかった。

普久原　僕もいまさら知りました（笑）。

仲村　早い話が、菊隠禅師は沖縄から日本本土に渡って禅宗の教えを勉強して戻ってきた人です。王家が禅宗を庇護した影響で当時の琉球は禅宗の寺院が多く、首里城★周囲の寺院はほとんど臨済宗だった。

他方、那覇は商人の街で、真言宗の寺院が多いの。真言宗は空海が説いたいわゆる密教系の宗派で、現世でも生きたまま解脱できるというのが特徴です。生身でミイラになる即身成仏がいい例ですね。言いかえれば、欲を肯定し財を抱えたままでも成仏できるという解釈になるから、商人にはフィットする宗教という側面があったんだね。

藤井　菊隠禅師は一六〇九年の薩摩の琉球侵攻では、王府から講和の使者となることを懇願されて、講和交渉にあたったそうですね。

仲村　当時の禅僧はヤマト（日本）の国情もよく知っていたので、政治的にも王府に重用されていたんです。なぜ臨済宗が庇護されていたかと言うと、中国との交易の際に外交官のような役割を果たしていたから。仏典や教学だけでなく、世界情勢についての情報や思想なども中国から移入させました。臨済禅の開祖である栄西はお茶やうどんなど、現在の日本ならではの食文化や作法も中国から博多に伝えています。

そういう外交的な役割を果たしていたので、日本では鎌倉時代から室町期にかけて、禅僧は特に庇護されていました。なので当時、日中と交易していた琉球も優秀な禅僧を育てたり、最先端の知識を持っている僧侶を盛んに招いていたりしていたの。いま藤井さんが言ったように政治的なネゴシエーターになったのも必然だったんでしょう。

普久原　なるほど。いまで言うと外務省の大使みたいな感じだったわけか。

仲村　禅宗のもう一つの特徴はさっき言ったように、霊魂の存在を認めないという点です。なので、呪術やまじないも認めない。だから京都の大徳寺や妙心寺などはいまもおみくじを売らないんだよ。でも、この西来院は「さすが、沖縄」というか、堂々と売ってるんだね（笑）。

普久原　ユタやマブイ（魂）をはじめ、沖縄は現世利益の島ですからね。受験で失敗しても、御願不足《うがんぶすく》（神や先祖に対する拝み方が足りないという意味）と言われますから。

仲村　僕も以前、女性の霊能者に「あなたはマブイを落としている」と言われたことがあるのだけれど、さらに「よく見ると、水子が三体いるね」って。「そんな覚えはない」と抗弁したら、「あなたは男だからわからないんだ」と返されました。

藤井　その霊能者は、「しまった！」という感じだったんじゃないですか？

仲村　いや、逆に「あなたは西来院に行かないと水子霊を祓えない」とこのお寺を指定したんです。僕は、唯物論者だけど、そこまで言われるとね。つい……。

普久原　結局、不安になって祓いに来ちゃったんですね（笑）。

仲村　転びました。宗旨替えです（笑）。でも、禅宗は水子の祟りなど認めないから、そもそも水子供養なんてないはずなのに、と思って来たら……あったんですよ（笑）。

普久原　あれ？　でも、この祠は「安産祈願」って書いてますよ。

仲村　そうなんだよ。僕はぬいぐるみとかビスコをここに持ってきて捧げたの。

藤井　ここは水子供養にも使われているんですか？　安産祈願と両方あるということですか。

仲村　実は、門をくぐって右手側は安産祈願の場所なんです。僕も祓いに来たときに「おかしいな」と思って探してみたら、水子供養の場所は、反対側に隠れるように建っているの。あえて道をクランク状にして、結界をつくっているんだね。場所を探せなくて境内でウロウロしていたら「あなた、ここにお参りにきたんでしょ」と僧侶に教えられました。

藤井　仲村さんの顔が、よほど水子男に見えたんだ！

仲村　慌ててビスコを取り戻しました。あとでわかったんですが、この寺院は水子供養のメッカだった。だから、那覇の人

水子供養に訪れる仲村氏

禅寺なのにのぼりにはなんと「祈安産祈願」の文字が。これも一つのチャンプルー文化

西来院本堂の天井に描かれた「八方にらみの龍」（写真上）

は皆ここに来るんだね。

普久原　その霊能者も、水子寺であることを知ってたわけですね。

仲村　そういうこと。まあ、禅宗では本来やらないことが沖縄で流行っているわけです。土着のアニミズム的な信仰に日本の仏教や呪術性の強い中国伝来の道教が習合していると考えていいでしょうね。

普久原　なるほど。沖縄は宗教の百貨店なんですね！

仲村　神仏混淆どころの話じゃなくて、宗教のチャンプルーだね。ところで、本堂の天井に注目してほしいんだけど。ほら、龍はどこから見てもこちらを見ているように描かれているでしょ。これは「八方にらみの龍」といって、総本山の妙心寺にも狩野《かのう》探幽《たんゆう》が描いた天井雲龍図がありますが、そのまま模倣したようです。

普久原　沖縄支社としてはそのあたりは京都本社を真似ているというわけですね。でも本社にはないおみくじが堂々と置いてある。地域の人は初詣にこの西来院に来ると聞いていましたが、構成はほとんど神社ですね（笑）。

王家のお家騒動と大奥の陰謀

藤井　首里城★の正殿は有名すぎるので、今回は中には入らずに周囲を歩いてみましょう。

仲村　よく首里城について議論になる謎の一つに、建物の向きの問題がありますね。

普久原　たしかに、中国や日本では古来、「君子は南面す」といって、通常なら城は南面させてつくるはずなのに、首里城の正殿は西側を向いてますね。しかも、入口の奉神門と正面の正殿の向きもキレイに平行させずに僅かに傾いて配置されてます。

仲村　その理由は諸説あるんだけど、奉神門のすぐ外側にある首里森御嶽《すいむいうたき》★と正殿の向きが同じなんだよね。首里森御嶽は格式の高い聖地で、つまり聖なる方向。正殿はその聖地のラインに向かって築城されたという説が有力っぽいですね。中国の方向に向かって西面しているから、宗主国に敬意をはらって遙拝する立地にしているという説もありますが、そうなると薩摩に尻を向けることになる。露骨すぎてちょっと説得力がない。

普久原　もしかしたら、中国から冊封使を招くときには、そういう説明をしていたのかもしれませんね。

聖なる方向を向いて建っているという首里森御嶽

首里城正殿に通じる道。ヒネたおっさんたちは首里城をあえて避け、その周辺を歩く

藤井　いま沖縄の観光客は中国人が多いですよね。中国人観光客は買い物を大きな目的の一つとしてやってくるわけだけど、沖縄と中国のそういう関係史を知って来る人はどれくらいいるのかな。

普久原　沖縄の人でも、つまみ食い程度にしか知りませんから、なおのこと中国人は知らないんじゃないですか。

藤井　でも、沖縄は他の日本の地域とは中国との関係史がかなり異なるじゃないですか。「首里城は中国に向かって建てられている」とか聞いたら、中国のごく一部の「沖縄を中国に返せ」と主張しているメディアや軍関係者が反応しそうな話かもしれませんね。

仲村　藤井さん、それ、ツイッターに書かないようにね。ネトウヨが騒ぎそうな炎上ネタだよ（笑）。しかしまあ、中国のクルーズ船が停泊している若狭バースあたりで観光案内の営業をすれば、日銭を稼げそうだな。

藤井　首里城入口の歓会門の守衛さんも、中国語で「再《ツァイ》見《ツェン》、「再見《ツァイツェン》」と連呼してましたよ。

普久原　ちょっとお二人とも、だいぶ話がそれていますよ。ところで仲村さん、首里王府にも江戸幕府のようなお家騒動はあったんですか？

仲村　それそれ！　ドロドロ、泥沼のような話があります。実は王府もまさにその通りで、王族や高級士族は激しい権力闘争というか、陰湿な権謀術数に明け暮れていたんだよ。

普久原　仲村さん、やけに活き活きしていますね。まるでワイドショーのレポーターみたいですよ（笑）。

藤井　どっちが陰湿なのかわからない（笑）。琉球王国は平和でおだやかなイメージがあるんだけど。

仲村　実はそうでもないんです。その代表的なエピソードの一つに世添御殿《よそえうどぅん》（童名・おぎやか）の陰謀が伝わっています。

普久原　あの第二尚氏王統、初代尚円王の後妻で、王朝の中央集権化を完成させた第三代国王・尚真の母后にあたる女性ですね。

仲村　その通り！　ここからさらに奥に進むと正殿に通じる奉神門がありますが、そこは国王が即位するときに聞得大君《きこえおおきみ》（沖縄の祭祀を統括する最高位の女性神官のこと）などの神女が並んで儀式をするところだったんです。

ところが第二尚氏の二代目で尚円の弟、尚宣威が即位する際は、大奥の勢力が強大になっていました。実権を握っていたのが世添御殿です。国王即位の儀式では通常、国王に向かって神女たちは頭を下げないといけないのに、国王に尻を向けたと言われている。つまり、尚宣威は国王にふさわしくないという神託が下りたわけ。それで尚宣威は失意のうちに半年で退位し、首里から現在の沖縄市越来《ごえく》に隠遁しました。でも、その神託は我が子を王位につけたかった世添御殿が書いたシナリオ、すなわち後宮の謀略という説があるんです。その後尚宣威の血筋は徹底的に排除され、後に尚家は首里尚家と浦添尚家の二つの系統に分かれることになります。

普久原　まさに沖縄版の「大奥」ですね。そんな謀略に明け暮れていたから、結局、世継ぎがいなくなって七代目にいたって浦添尚家の尚寧を王にするようなことになったりしたんでしょうね。そしてその尚寧王の代に薩摩に侵攻されたわけですから、いろいろ皮肉な歴史だなあ。

藤井　たしか、普久原くんはその悲劇の浦添尚家の末裔だよね。

仲村　なぬ！　それホントなの？

普久原　まあ、一応、沖縄の場合は苗字と祖名継承している一字から家筋が辿れるようになっているみたいですね。お年寄りによく尋ねられたりしますが、僕はたしかめたわけでもないですし、たいした話でもないのでまたの機会にしましょうよ……。

それにしても、尚宣威は王家代々の墓である玉陵《たまうどぅん》★にも入れなかったそうですけれど、即位のときから歓迎されていなかったんですね。知らなかったなあ。

仲村 いや、そんなことよりもあなた様は浦添尚家の末裔かどうかを……。

藤井 仲村さん、話がまたそれていますよ。ほんとにワイドショーのレポーターみたいになってきたな（笑）。さては普久原くんを食い物にする気でしょう。

普久原 ……あ、方角の件で、いま急に思い出しました！ 首里城正殿の向きまで関係しているのかはわかりませんが、風水の話では、気の源泉である中国の崑崙山《こんろんさん》に向かって計画されているという説を『客家見聞録』（現代書館）という本で読んだことがあります。

藤井 へー、そうなんだ！

仲村 しつこいようだけど、あなた様におかれましては、あの、いとやんごとなき浦添尚家の血筋でいらっしゃるのですか？ 不肖、ワタクシはいと卑しき水呑み百姓の血筋の者で

琉球の王家のお墓で世界遺産にも登録されている玉陵

浦添尚家の末裔（?）である普久原朝充氏の御前でお家再興をファナティックに訴える仲村清司氏

すが、このようなところで、あのいたわしき浦添尚家の方と……。殿、いまこそお家再興のときですぞ！

藤井　何を興奮してるんですか（笑）。

普久原　お家再興もなにも……（笑）。まあ、仲村さん落ち着いてください。話を進めましょうよ。

仲村　うーん、気になるなあ。王家の方のご尊顔を前にして、僭越ながら話を戻させていただきますが、普久原殿のおっしゃる通り、正殿の向きについては本当にいろんな説があって、確証がないのが実情でございます。首里城の謎を並べるだけで、一冊の本になるものと思われます。

普久原　仲村さん、言葉遣いが一変していますよ。

藤井　普久原くん、仲村さんを無視して、無視！

普久原　急に絡みづらくなってきたなあ（笑）。

首里の歴史街道、綾門大道を歩く

藤井　さて、守礼門★を通って降りてきましたが、ここが本来の首里のメインストリートだったんですってね？　僕はてっきりキレイに道が整備されている龍譚通りがメインストリートだとばっかり思っていたんですが。

仲村　それがトーシローだということですね（笑）。守礼門のある通りは綾門大道《あやじょううふみち》と言って、王朝時代はこちらが都大路でした。守礼門のすぐそばには園《すぬ》比屋武《ひやん》御嶽《うたき》石門★と王家の墓、玉陵があります。どちらも世界遺産ですが、これらの遺跡の配置を見れば、綾門大道が本来の首里の目抜き通りだったということがよくわかります。明治四一年までは守礼門の数百メートル先に第一の坊門・中山門があって、その二つの門を通過して首里城にアプローチするようになっていました。この二つの門の間が綾門大道です。

藤井　なるほど、知らなかった。

仲村　僕がいま住んでいる泊地区は隣接して那覇港があり、かつて国際貿易の拠点となっ

現在の綾門大道を歩く藤井氏。写真奥が守礼門

世界遺産の園比屋武御嶽石門

友寄喜恒「首里城図」歓会門と守礼門の先に中山門が描かれている（沖縄県立図書館所蔵）

ていた王府の直轄地でした。首里城と泊は綾門大道を介してつながっているんですね。沖縄戦で焼失してしまって現在は石門しか残っていませんが泊と首里の間には崇元寺★があり、その先には首里観音堂★などの寺院がありました。琉球の役人が薩摩や江戸に上るときは首里観音堂に立ち寄って旅の安全を祈願したのち、那覇港から出港したことが伝わっています。また、崇元寺は王府の国廟で、中国から冊封使が那覇に来琉したときには、国王の菩提を祀る儀式をおこなってから一行は首里城に出向きました。首里と那覇は点で考えるのではなくて、線として考えると、歴史的な意味が浮き上がって見えてきます。

普久原　おお、線として考えると泊や那覇港から崇元寺、安里、首里観音堂、綾門大道を通って首里へと上っていく道のイメージが見えてきました。泊に士族が多かったのも港と首里城までの道の関係から理解できそうです。面白いですね。

藤井　僕の那覇の仕事場から崇元寺跡は歩いてすぐなので、よく散歩をしに行きます。

仲村　守礼門というのは薩摩と中国の両方に朝貢（朝廷に貢物をすること）していた琉球をよく象徴していて、平時には「待賢門」や「首里門」の扁額《へんがく》が掛けられ、宗主国の中国の使節が来るときだけ「礼節を守る」という意味の「守礼之邦」という扁額が掲げられていた時代があったんです。小国は大国におもねて生き延びる。見事な使い分けだね。

実は首里城の機能も軍事施設としてのお城ではなくて、ベルサイユとかバッキンガムに近い「宮殿」なんですよね。首里城の中には軍事機能を持った施設はないし兵器も弾薬庫もない。かつて弾薬庫かもしれないと思われていた施設がなんと泡盛の倉庫だったという話もある（笑）。あくまで客人を接待する施設として首里城は機能していたんですね。

普久原　今帰仁城跡《なきじんぐすくあと》★などの他の城は戦う目的でつくられていることが明白でしたけれど、首里城は琉球が平定された後のお城だから、外交施設としての意味合いが強かったということなんでしょうか。

焼失前の崇元寺。現在は石門しか残っていない（『琉球建築』〔座右宝刊行会〕より）

仲村　そうですね。首里城は周囲に山と川があって、さっき普久原くんが話していたように、風水では理想的な配置の場所になっているんです。

藤井　じゃあ、首里城にはぜんぜん自然の要塞的な意味合いはないのですか？

仲村　郭が三重になっていますが、これはあくまで倭寇などの侵入を防御するためで、どちらかというと、城にこもって闘うというよりは、外部から来襲する敵に対しては那覇港に鉄の鎖を張り巡らせたり、岬に砲台を配置したりして進入を防いでいたようですね。一六〇九年の薩摩藩の侵攻の際にはそうやって闘ったらしい。だけど結局破れてしまう。薩摩藩はこのとき綾門大道を通って首里城に入ったのですが、幕末のペリーもこの道を通って入城しています。一八七二〜九年の琉球処分のときもヤマトの兵隊や警察は綾門大道から首里城に入って琉球を併合しました。琉球王朝のはじまりから滅亡までをずっと見続けたのがこの道というわけです。まさに沖縄の「歴史街道」ですな。

藤井　司馬遼太郎みたいだね。仲村さんうまいこと言ったと思ったでしょ（笑）。

仲村　まことに的確な指摘という他ない（笑）。でも、首里城は沖縄戦のときに焼失してしまうんですよね。現在の首里城は一九九二年に復元されたものですが、「歴史街道」の綾門大道の痕跡はまだ残っている。だから、首里城に行く際はこの道を通っていくことをお勧めします。

実際、戦前の首里の街並みや綾門大道の美しさは本当に格別だったみたいですね。ちなみに綾門大道の「綾」には美しいという意味があります。沖縄の歴史家であり作家の故・山里永吉さんという方がいるんですけど、『街道をゆく 沖縄・先島への道』で司馬遼太郎さんが山里さんの本から言葉を引用しています。彼は「もし首里の街が戦前のままでそっくり残っていたら、沖縄は京都、奈良、日光と肩を並べる観光地になっていたろう」と断言しているんですね。コラムニストの吉田朝啓氏も「綾門大道は石で敷き詰められていて、お寺が並び、王族の屋敷が重厚な石垣に囲まれ、亜熱帯照葉樹の屋敷林に覆われていた」と書いていますし、「屋敷の内側は花園になっていた」とも語っています。

想像するに、当時の首里は空の青と屋敷の緑、そして石塀や石畳のコントラストがとてつもない美しさを醸し出していて、たしかに奈良や京都をしのぐ風情だったかもしれませんね。

藤井　その道が残っていたのはいつぐらいまでですか？

仲村　たしか沖縄戦の直前くらいまでは残っていたはずです。ただ、琉球処分以降の首里城はメンテナンスされず、大正期はボロボロで荒れ放題だったらしい。実は中山門も解体さ

戦争で無残にも焼け野原になった首里（那覇市歴史博物館提供）

れて、その残骸を入札して銭湯に売ってしまったというとんでもない話が残っています。首里城も当時、取り壊してしまえという声もあって、実際、解体して神社を建てることが決まっていました。

普久原　ちょうどその頃、鎌倉芳太郎という内地の研究者が首里城の歴史的価値に注目して研究計画を練っていたところなんです。沖縄から送られてきた新聞で取り壊しを知った鎌倉が慌てて、建築史の権威である伊東忠太に知らせ、彼らが中心になって首里城の解体を中止させたんですよね。

仲村　ただ、単に「残せ」と言っても国は納得しないので、無理矢理、首里城を日本式の宗教的な重要施設だということにしたんですよね。沖縄には源為朝の来琉伝説があります。保元の乱で追放になった為朝がひそかに琉球に逃れ、島の有力者の娘と結ばれて男の子を授かったというものです。この男児が琉球に初の王統を打ち立てた舜天です。もちろん、ありえない伝説なんですが、ただしこの伝説を利用すれば琉球の王家には日本の著名な武人の血筋が入っているというストーリーができあがります。

藤井　なるほど、日琉同祖（ヤマトと琉球の始源は同じであるという考え方）のねつ造ですね。

仲村　そうです。国から修復のための高額な予算を得るために、あえて歴史の読み変えをしたわけです。結果、首里城は修復され、これが沖縄神社として国宝に指定されました。祀られているのは、源為朝や舜天王、第二尚家を代表する国王です。なので、戦前の首里城は宗教施設として遙拝されていたんです。伝説を方便として利用したわけですが、でも、そうでもしなければ首里城はあっさり解体されていたでしょうね。

普久原　首里城を日本本土の人が守ったというのは興味深いですよね。他にも沖縄の外部の人が沖縄に貢献した話はけっこうあります。王朝が宮古・八重山に課していた重税、人頭税（住民の頭数に合わせて課税する重税）の廃止に奔走した中村十作も越後の人でしたよね。子どもの頃は人頭税の何が大変なのかよくわかっていませんでした。現代では売上から経費を差し引いた利益に対して課税しているわけですから、一人あたりで課税していることの恐ろしさがわかったのは大人になってからですね。

仲村　明治時代、沖縄で近代的な台風観測をして、沖縄の高度な気象観測技術の礎を築いたのも仙台藩出身の岩崎卓爾《いわさきたくじ》です。岩崎卓爾については大城立裕さんの小説『風の御《う》主前《しゅまい》』（ケイブンシャ文庫）にも描かれていますね。

普久原　「沖縄の古事記」とも言われる『おもろそうし』研究を確立させた第一人者は伊波普猷ですが、与那原恵さんの『まれびとたちの沖縄』（小学館新書）という本を読むと、最初に研究しはじめていたのは田島利三郎という新潟出身の人ですよね。彼が長年の研究成果を沖縄県尋常中学校での教え子である伊波に託したことが、その後の伊波普猷を方向付けていま

大城立裕『風の御主前』（ケイブンシャ文庫）

す。伊波普猷の『古琉球』（岩波文庫）の序文にも冒頭に「まず言わなければならぬ事は、恩師田島利三郎氏の事である」と書かれていたりして、人間ドラマを感じましたね。

仲村　そういう文化交流があると沖縄とヤマトの関係も風通しがよくなるんです。地元にいるとなかなか足下にある価値には気がつきにくい。外側から見たときに初めて価値が発見されるということがあるんじゃないかな。

藤井　ただ、その辺の議論は難しいところでもありますよね。嘉手刈林昌ら、沖縄民謡の唄者を初めて「内地」へ紹介したのも、ルポライターの竹中労です。僕も竹中氏の著作から沖縄民謡にはまっていったんです。まあ、竹中氏は自身の「革命」論の中に「沖縄」を位置付けたわけだけど、沖縄民謡を世に広げたという功績は否めないと思うんです。他にも日本の民芸運動を引っ張った柳宗悦は、朝鮮の生活雑貨の価値を見出した人としても知られています。民芸運動がそういう庶民の生活文化を見出したことも一つの功績ですけど、文化侵略や植民地主義とも関係しているから問題だと指摘する人もいますしね。

普久原　経済学者のタイラー・コーエンが『創造的破壊』（作品社）の中で、多様性には二種類あって、グローバル化によって社会間多様性が破壊されるけれど、社会内多様性はより豊かになるという説を唱えていますね。近代社会とそれ以外の社会の社会間多様性が破壊される側面に着目すると文化侵略に映るのでしょうけれど、近代社会内部の側面では多様性は豊かになっていると……そういうことかもしれませんね。

仲村　またまた賢そうなことを言って。バカな先輩二人の立場はどうなるの……。

藤井　仲村さん、さっきは普久原くんに殿とか言って、へりくだっていたのに、何それ！

旧日本軍第三二軍司令部壕の真実

普久原　さて、龍譚池★を抜けて弁財天堂★前まで来ました。このあたりに壕の跡があるらしいですね。仲村さんの『本音の沖縄問題』（講談社現代新書）で知ったのですが、どこにあるんですか？

旧日本軍第 32 軍司令部壕。沖縄戦の歴史を伝える重要な戦跡

龍譚池で鳥たちと戯れる大人２人

仲村　旧日本軍の第三二軍司令部壕だね。３章でもちょっと触れた場所です。園比屋武御嶽に上る階段のそばだよ。

普久原　僕の母校はすぐ隣にある首里高校★なので、首里城周辺は何度も歩いたことがあります。それにも拘わらず、沖縄戦を指揮していた第三二軍の壕があったなんて知らなかったなあ。

藤井　柵があって壕の中には入れなかったですね。

仲村　岩盤が崩落しかけていて危険らしい。

普久原　中はけっこう深くて四方八方に伸びていたんですよね？　補強して壕の中に入れるようにしたら、ここも観光地化できそうな気がしますけどね。

仲村　戦争遺跡として整備すべきだよね。ところで、この壕で戦中、慰安婦として従軍していたのは辻の女性たちなんでしょ？

普久原　上原栄子さんの『辻の華』にも出てきますね。那覇のほとんどが消失した一九四四年の十・十空襲時、波之上の崖下に上原さんたちが隠れていたところに軍が訪れ、合流して首里に移った話がありました。そこで日本兵と昼食をとる上原栄子さんの写真を那覇市歴史博物館の所蔵資料で見た記憶があります。

藤井　吉村昭氏も取材して「剃刀」（『総員起シ』〔文春文庫〕に所収）という短編作品に詳しくまとめているし、元日本陸軍大佐の八原博通の手記『沖縄決戦』（中公文庫プレミアム）にも、辻の女性たちがいろいろ手伝ってくれたという記述があります。

普久原　仲井眞県政のときに、壕の説明文に入れる予定だった「慰安婦」「日本軍による住民虐殺」の文言を削除したかどうかで、問題になりましたよね。自主規制が過剰になる背景でもあったんですかねぇ……。

仲村　教科書の歴史改ざんで、従軍慰安婦や南京大虐殺の問題が沸騰していたからね。沖縄でも軍が関与した住民虐殺の記述削除が問題になっていて、一〇万人を集めた県民大会もおこなわれました。首里城は歴史遺跡として知られている施設だけど、戦争を語り継ぐ遺跡でもあることを忘れたくないですね。

戦時中の上原栄子さんと日本兵たち（那覇市歴史博物館提供）

民謡「耳切り坊主」の真相を解明する

仲村　龍譚池の真ん前にあるこの旧沖縄県立博物館跡地★の角っこは普通なら通り過ぎてしまう何の変哲もないところなんだけど、ここは有名な沖縄民謡の舞台になった場所★（耳切り坊主譚の交差点）なんだよ。むふふ、説明しようね。ほら。

藤井　おっ！　解説文を持参してきたんですね。本物のガイドみたいだ。

仲村　こういうことをやらせると、僕は本気度が違ってくるんだよ。「耳切坊主ぬ、立っちょんど〜♪」という歌詞で有名な「耳切り坊主」の沖縄民謡があるでしょ。その幽霊（黒《くろ》金《がに》座《ざ》主《あし》）が立っていた場所がこの博物館跡地の石垣塀の角地だったんだよ。

藤井　その民謡は何度も聞いたことがありますね。喜納昌吉さんも歌っていたから、メロディを聞けば、たぶん沖縄に関心がある人なら聞き覚えがあるはずです。

仲村　沖縄では子守歌として知られています。ただ、歌詞が怖くてね。泣きやまなくてうるさい子どもは、僧侶の亡霊が現れて、耳を僧鎌で切り落とされるよという……。切り落とす表現も囃子になっていて、「耳グスグス〜♪」

藤井　リアルだなあ。沖縄名物、豚の耳の刺身、ミミガーの食感もグスグスしていますよね。

仲村　いいところに気づきましたね。だから、実感がこもっていて、沖縄では泣く子も黙る子守歌になっているんです。

藤井　それって子どもをあやすというより、悪質な脅しですよ（笑）。

普久原　でも、ちゃんと伝説になっていますよね。祈願に来る女たちに次々と妖術を掛けて手込めにするエロ坊主の話が背景になっていて……。

仲村　そう、当時の国王の弟にあたる北谷《ちゃたん》王子《おうじ》が黒金座主という悪僧と対決し、退治する際にそのエロ坊主の耳を切り落としたという物語です。

普久原　いまは大型客船が停留する若狭近辺のバース近くに耳切り坊主のいた寺があったという話は、以前別の人に教えてもらったことがありました。その幽霊が出たのがこの場所だったというのは初めて知りました。

仲村　史書によると十八世紀はじめの尚敬王の時代、国王から特命を受けて黒金座主を退

某「東京デ〇ズニー〇ンド」のアトラクションによくいるテンションの高いガイドかと思って近づくと、なんと仲村清司氏だった

治した北谷王子の大村御殿があったのがこの博物館跡地なんだよね。北谷王子は自分が殺害した黒金座主の呪いで、跡継ぎの男児が早世するようになってしまったらしい。そこで、一計を案じて、男子が生まれると「女の子が生まれた」と噂を流して育てたら無事育つようになったという話。その黒金座主の幽霊が立っていた場所こそがこの角地というわけ。

藤井　それにしても僧侶のくせに成仏しなかったとは、とんでもないクソ坊主だね。

仲村　でもね。それは真っ赤なウソですな。

藤井　えっ！　どういうこと？

仲村　黒金座主は、波上宮の別当寺の真言宗・護国寺★の第一八代住持・盛海上人がモデルと言われています。護国寺は創建以来、琉球王朝の祈願寺でいわば王家の勅願寺、琉球でも最も格式の高い寺院なんです。史書や記録には「盛海上人は北谷王子の悪政を責めたために殺された」とか、「盛海上人が王家に圧力をかけた」とあって、どうやら、当時は琉球王朝と護国寺をはじめとする真言宗との間に確執があったようですね。

普久原　先ほども、那覇は真言宗に帰依した商人が多かったという話がありましたね。

仲村　そう、護国寺を筆頭に真言宗の勢力が伸張していたことが読み取れます。あくまで推論ですが、おそらく王府は目の上のたんこぶになってきた真言宗の台頭を嫌って、何らかの罪を着せて真言宗の親玉の盛海上人を殺害したのでしょう。

藤井　つまりは冤罪？

仲村　それしか考えられない。北谷王子は第二尚氏王統第一二代の尚益王の次男で、兄は国王になった尚敬王です。そんな高貴な血筋の人間が王家の祈願寺である住持と直に刃物で渡り合うなんてことがあるわけがないし、女に悪さをする悪僧なら王家ではなく、官吏や目付が捜査に乗り出すはずです。しかも、伝説では黒金座主が本当に女を手込めにするかどうか確証を得るために、北谷王子は妻を送り込んだことになっています。常識からいって、自分の妻を差し出すわけがない。これもありえない話です。それにね、モデルになった盛海上人は悪僧どころか地元の若狭周辺ではとても評判がよかったという話も伝わっているんですよ。でなければ、王府ゆかりの護国寺の住持になれるわけがないですよね。

普久原　へぇ、権力者に都合よく書き換えられたストーリーの可能性が高いわけですね。

仲村　政治的な主導権を巡る対立か、あるいは大商人にバックアップされた伸張著しい真言勢力との間に利権を巡る対立があったのか、背景には何らかの争いがあったと思われます。第一、唯物論者の僕としては、幽霊の存在など認めるわけにいかないのです！

普久原　でも、仲村さんは唯物論者を名乗るわりには、水子供養に行ったり、前世は猫だったとかイスラム教徒だったとか、いろいろと迷信を持ち出されてますよね。

仲村　キミは何かと耳の痛い話をするなあ。あのね、迷いがあるから人間なの。

旧沖縄県立博物館。現在は建物はなく更地になっている

普久原　おお、そう言いかえるとちょっとした人生訓になりますね。ところで、ここは戦前、尚家の邸宅だったんですよね。

仲村　中城《なかぐすく》御殿《うどぅん》とか尚侯爵邸と呼んでいたらしい。

普久原　ということは、博物館が建っていたのは戦後からだったんですね。現在、おもろまちに沖縄県立博物館・美術館★が建っていますが、それ以前は、この場所に旧沖縄県立博物館が建っていました。実は、戦後の沖縄初の設計競技で決定したデザイン案を、米国民政府からの変更要求で修正させられるという事件があったんです。沖縄の建築業界では割と有名な占領統治下時代を感じさせる逸話なんですよ。

当初、設計競技を主催した琉球政府文化局側は、県民の意識高揚の為に首里城のミニチュアようなデザインを要望していたそうです。でも、多額の建設費を補助する米国民政府側にとっては管理費上も不合理な計画案だという認識だったので許可しなかった。設計者は、その両者の要求の間に立たされて、だいぶ苦労されたという話を伺ったことがあります。その意味では、沖縄らしさと、機能主義的な近代建築の両立を模索した初期の例だったかもしれません。その苦労を含めて見ても、なかなかよい建築でした。

藤井　ここも駐車場とかになってしまうのかな。

仲村　旧県立博物館のあった頃はこのあたりの景観もすごくよかったですよ。その博物館もいまは新都心のパチンコ屋の向かいに建っていて、殺風景というか、美意識そのものが疑われる。

普久原　あぁ……それを僕は言わないようにしていたのに（笑）。旧県立博物館跡の隣の駐車場の中にもポツンと拝所っぽい空間がありますね。まったく手入れされてない感じだけど……。

藤井　そんな重要な場所なのに案内版とか、何も説明がない。

仲村　本当にもったいないことです。

藤井　さて、足やすめとしましょうか。首里高校の前にある食堂・純★で休憩していきましょう。普久原くんは高校時代にここに毎日通っていたの？

普久原　僕にとっては夏の部活帰りにかき氷やぜんざいを食べる場所でしたね。氷がフワフワで食べやすいんです。

左が現県立博物館。右がパチンコ屋

昔の給食で出たような懐かしい黄色いカレー

女子高生がかき氷を食べている麗しき情景。仲村氏とは好対照だ

かき氷をほおばる仲村氏。しかも満面の笑みだ

仲村　ここでは昔ながらの「黄色いカレー」が食べられるんだよね。首里高生はここでカレーを食べてたの？

普久原　残念ながらカレーライスは首里高裏門側のポケットマーニー★というカレー専門店で食べることが多いですね（笑）。

仲村　現代っ子だなぁ。黄色いカレーを食べずにかき氷を食べてたなんて。

普久原　いや、いま仲村さんも食べてるじゃないですか。

仲村　うん、うまい！

藤井　たしかにさっきも首里高校生らしき女子たちが食べていましたね。うら若き女子高生がかき氷を食べてるのは、何か学食みたいで懐かしい情景だったなあ。還暦前の仲村さんも食べてるけど。

仲村　おっさんの食べる姿は情感がないですか（笑）。

藤井　はっきり言って見苦しいものがあります（笑）。純で一休みしたあとは、有名店の山城まんじゅう★でまんじゅうを買って帰りましょう。ここは月桃の葉っぱでまんじゅうが包んであるのだけど、本当にいい香りですね。

首里劇場で思春期の性の目覚めを語る

藤井　これまで首里城を中心にして琉球の歴史街道を見てきたわけですが、最後にちょっと別の首里の顔を見てみましょう。

普久原　龍譚通りの裏手側に首里劇場★があるんですよね。現存する沖縄最古参の木造映画館で、一九四七年頃に露天劇場としてはじまり、一九五〇年に有蓋化（屋根を取り付けること）されたそうです。いまでこそポルノ作品の上映が主な映画館になっていますけど、戦後すぐは多数の人が集まることのできる空間は少なかったので、演劇や音楽の公演、琉球大学の開学記念式典までここで催すこともある地域の核となる公共的な場所でした。現在の見た目からは想像もつかないですけど、テレビの普及などでだんだん客が入らなくなってしまいポルノ映画館に転身して維持することで現在に到っています。

藤井　あそこに入ってポルノ映画を観るというのはなかなかのものだよね。しかも、上下

首里伝説のポルノ映画館・首里劇場。まるで廃墟のような外観だが現在も上映を続けている

首里劇場の内部。いまでは珍しい木造の映画館

水道がなくて、上水は井戸水を使っていて、トイレは汲み取り式なんだよね……。

普久原　表側だけを眺めて写真を撮る分には楽しいですけど、入るのはとても勇気が要りますよね。最近はサブカル系の女の子も来て写真を撮ったりしているらしいんですけど、中にはさすがに入らない（笑）。

仲村　そもそも若い人は「ポルノ映画」というものを知らないでしょう。映画館じゃなくてＡＶやインターネットで見ているから。

藤井　いまの若者たちは、みんなで映画館に並んでポルノ映画を見るってのは恥ずかしくてできないでしょうね。

普久原　たしかにないですね。みんなでポルノ映画を鑑賞する醍醐味って何なんですか？

藤井　醍醐味って……僕だってビデオがあったら一人で見たかったよ（笑）。単にそこしかやっていないから。

仲村　ポルノ映画が一世を風靡したのはちょうど僕の思

春期の頃だったんです。でも、勇気がいるから一人では行けない。それで友達や先輩と連れたって見に行ったんだよね。

藤井　ある種の通過儀礼みたいなもんです。学校で「昨日行っちゃったよ」「やったなあ、お前！」みたいな会話をして威張る感じ（笑）。

仲村　そう、「これで一人前」みたいな。僕らの世代はポルノ映画を卒業すると次はストリップなんですよ。だいたい一四歳から一七歳の間にこの通過儀礼がおこなわれる（笑）。

藤井　そう、一八では遅いんだよね。エロ本も本屋で売ってなくて、主に専門の自販機で買っていましたね。

普久原　かつては裏山に捨ててある「野生のエロ本」を子どもが拾っていたという先人の言い伝えがありますね（笑）。

仲村　僕の場合、近所の目があるから近くのポルノ映画館で見られなくて、阪急電車にわざわざ乗って、だいぶ遠い町まで見に行った記憶があります（笑）。ところが首里劇場はみんな地元なのに平気で通っていたらしい（笑）。

普久原　そういえば、僕が首里高校に通っていたときも、みんなで肝試し的に「行ってみよう」という話になったことがありました。でも、なぜか僕だけ置いてきぼりにあって見に行けなかったんですよね。

首里劇場の内部で記念撮影。普久原氏が青春のリベンジを果たした記念すべき日だが、見たのはポルノ映画ではない

仲村　一人前になりそこねた。

普久原　ええ、出遅れました（笑）。でも、戻ってきた友達の一人が言うには「自分の座った座席のシートだけがなぜか濡れていた」と（笑）。それが一体何だったのか現在でも解明されていません……怖いですよね？

藤井　……（絶句）。僕に聞くなよ。不気味だけど、生々しいなあ。

普久原　結局僕が初めて首里劇場に入ったのは、ポルノじゃなくて、「シネマラボ突貫小僧」というNPOなどの共同企画で音楽ライブがあったときですね。謝苅の映画館跡の際にも紹介した『沖縄まぼろし映画館』の著者の平良竜次さんと當間早志さんもそのNPOのメンバーなんです。彼らは首里劇場を盛り上げるために、文化的な発信地だった歴史を活かして、今後も館長と相談して全年齢層向けのイベントを企画する予定をしています。成人映画に抵抗のある方は、そういうイベントを利用して歴史空間を体験するのもいいでしょうね。実際、機会があれば中に入ってみたいと思っている方は多いようで、イベントの度に大盛況ですよ。

藤井　いきなり、健康的な話に戻すなよ。僕はぬめりの正体が気になっているのに。

普久原　おそらく、雨漏り箇所でもあったのでしょう。すみません、話を盛りすぎましたね（笑）。

仲村　それにしても、首里劇場は立地がアブノーマルだよね。だって、目と鼻の先にクリスチャンの教会と幼稚園があるでしょ。そんな健全な場所を抜けていくと、座席の濡れたいかがわしいポルノ映画館にたどり着くというのはいかがなものか（笑）。

普久原　劇場の建設当初は戦災で何もない場所だったでしょうから、あとから周囲に建物が建ち並んで裏通り化しちゃったんでしょうね。劇場建設後に、都市計画法が制定されて住居系地域として設定されていますから、簡単に建て替えなどもできないんです。いまだに建物が残っているのが奇跡と言ってもいい。

仲村　ところで、さっき外から見たら今週は「姉妹大会」ってあったね（笑）。

藤井　そそられるなあ。僕、姉妹系にヨワイんです。あのコピーはきっと支配人が毎回考えているんだろうなあ……。いろんな意味で首里の戦後を象徴する場所ということで、結局また下ネタになっちゃった（笑）。

首里劇場支配人の肝いり企画「姉妹大会」。3本連続、計6人の姉妹が入り乱れる様は圧巻

歩き疲れたあとに

三バカ男の織りなす街歩き、いかがだったろうか。

コトの発端は本書の冒頭に藤井誠二さんが記しているように、それぞれが極私的に取り組んでいた街歩きを「合流」させたのがきっかけになっている。

僕は自称野良猫ウオッチャーで、路地裏に住まう猫たちのテリトリーや縄張りを訪ね歩きながら、どこにどんな猫がいるのか同定し、体調や具合いを様子伺いしたりする訪問看護のようなことを三年ほど続けていた。

まあ、はっきり言えば後ろ指を差される怪しい猫オヤジだったのだが、こんな人間に付き合ってくれる人はむろんいなかった。そこに突如、藤井さんと普久原くんが現れ、栄町の焼き鳥屋で「このさい一緒にやりませんか」ということになったのであった。

これには後日譚がある。それから数日後、コザの街歩き終えた僕たちは、例の焼き鳥屋で反省会と称して打ち上げをした。

「どうせなら今日の出来事を録音しましょう」

普久原君はそういっておもむろにボイスレコーダーをテーブルに置いたのである。

こういう場を与えられると口から先に生まれたといわれる藤井さんのこと、話題を連射するように繰り出して、あることないこと盛りに盛って話を盛り上げた。そうなるとやかましい大阪人の僕も負けていられない。酔いに任せて藤井さんのオチネタを拾っては打ち返し、打ち返されてはクイックやフェイントを利かしてギャグを応酬した。

座が笑いの渦に包まれていたような気もするが、結局のところ、何をしゃべったのか丸っきり覚えていなかった。その最中、普久原くんが何を話したのかどうかも定かではないが、なんと彼はこのバカ話全編を文字に起こし、丁寧に構成してプリントアウトしてくれたのであった。

さて、ここで白状するのだけれど、せっかく彼がまとめてくれた原稿に僕は目を通すことなく、「関心があったら読んでみて」と妻にそのまま手渡したのである。

酒飲みのヨタ話を読むほど暇ではないというのが理由だが、その夜のことはよく覚えている。妻の部屋から「ウフウフ」「フヒヒ」「ギャハハ」と間髪入れず笑い声が漏れてくるではないか。なんと彼女は例のバカ話に夢中になっていたのである。

「これ、オモシロイわよ！　続きはないの？　はやく読ませて」

その意外な反応に驚いた僕は慌ててプリントアウトされたものを奪い返した。目を通した僕も

「ムハハハ」とだらしなく破顔しながら文字の世界に没入していった。通読すると、バカ話だけではなく、それぞれの専門分野の知識や考察、推論が縦横に繰り出され、読めば読むほど街の全貌がこれまでにない切り口で語られていたのである。

そうして、こう考えた。

――ワシらどうやらバカ一辺倒だけではないようだ。これぞ「奇貨居くべし！」。うまくすればうまくいくかもしれぬ。

嗅覚の鋭い藤井さんはすでにこのバカ話は「出版企画」として提案できると考えていたようで、「どこかに持ち込みましょう！」と機敏に動いてくれた。

こうして「バカ話」は亜紀書房の目に止まり、ついに日の目を見るまであと一歩のところに来たという次第。

「編集してこれほど楽しい本はないですよ」

とは、この本を担当していただいた小原央明氏の感想である。書き手にとって最大の褒め言葉をいただいたといっても過言ではない。

さて、街を歩きながら痛感したのはまことに街の貌というものは変わるということだ。しかし、他方、人の好みというものは洋の東西を問わず変わらない。

それが証拠に、欧州人は中世時代のヨーロッパの街並みを命でもかけるように大切にしているし、千二百年の歴史を有する街で暮らす京都人は旧観を残すことを使命のように日々を営んでいる。

愛でるとはよくいったもので、観光客はそんな街を熱に浮かれるように愛し、想い人のごとく通う。

翻って、新しい街はどうか。僻論といわれるかもしれないが、生まれたての街にいい貌はない。それどころか、新しい街はどこもかしこも画一化が進み、いまや歩道の図柄までもが同じ模様になっている。

つまるところ、街をいい貌にするには時の流れという歴史に磨きをかけ、それに加えてそこに住まう人の景観の保存という不断の努力も必要になるということだろう。

内地と異なる途方もない固有の文化を持つ沖縄も止まることのない再開発によってどんどん貌を失いつつある。とりわけ那覇を含む周辺部は有史以来のスピードで街の造り替えがおこなわれ、土地としての生態系が変わってしまった。もはや変化という表現も生ぬるいかもしれない。

本文に登場した那覇市開南地区の農連市場も取り壊しが決定した。僕らが国際通りの真裏の迷宮と呼んだナイクブ古墓群も大半がブルドーザーによって削り取られてしまっている。

太古以来人々の暮らしの糧となった碧い海も自然のビーチが失せてしまうほど埋め立てられ、辺野古では豊穣の海が新基地にされようとしている。

そうしていつしか僕たちは、この野放図な破壊が終わることを願うことなしに、島の山川草木を正視することができなくなっていた。

そんな風景や景観を慈しむように僕たちは歩いた。そして歩を進めながら互いの関心分野を共有し、さらに止揚していった。

そこで得た結論は、街というものはそこに暮らす人のものでありながら、よその人間でないと見いだせない魅力や価値もあるということだった。

その役割を果たすために、僕たちはこれからも道に分け入り、街を徘徊していく。

まえがきで「三人よれば文殊の知恵」と藤井さんは結んでいるが、バカにつける薬もないという言葉もある。読者諸賢におかれては、バカもたまには知恵を産むと笑いとばしながら、今後の旅に多いに期待を寄せていただきたい。

というわけでワタクシも我らの会議室、串豚に足を運ぶことにする。

二〇一六年　春吉日　仲村清司

首里石嶺町
御殿山
伊江御殿墓
儀保駅
首里久場川町
首里赤平町
ゆいレール
首里汀良町
耳切坊主譚
の交差点
龍譚通り
首里中学校
県立芸大
首里駅
首里当蔵町
首里図書館
弁財天堂
首里鳥堀町
達磨峰西来院
首里そば
環状2号線(県道82号線)
首里城正殿
首里森御嶽
N
W
E
S
首里赤田町
0
100m
首里崎山町
首里マップ

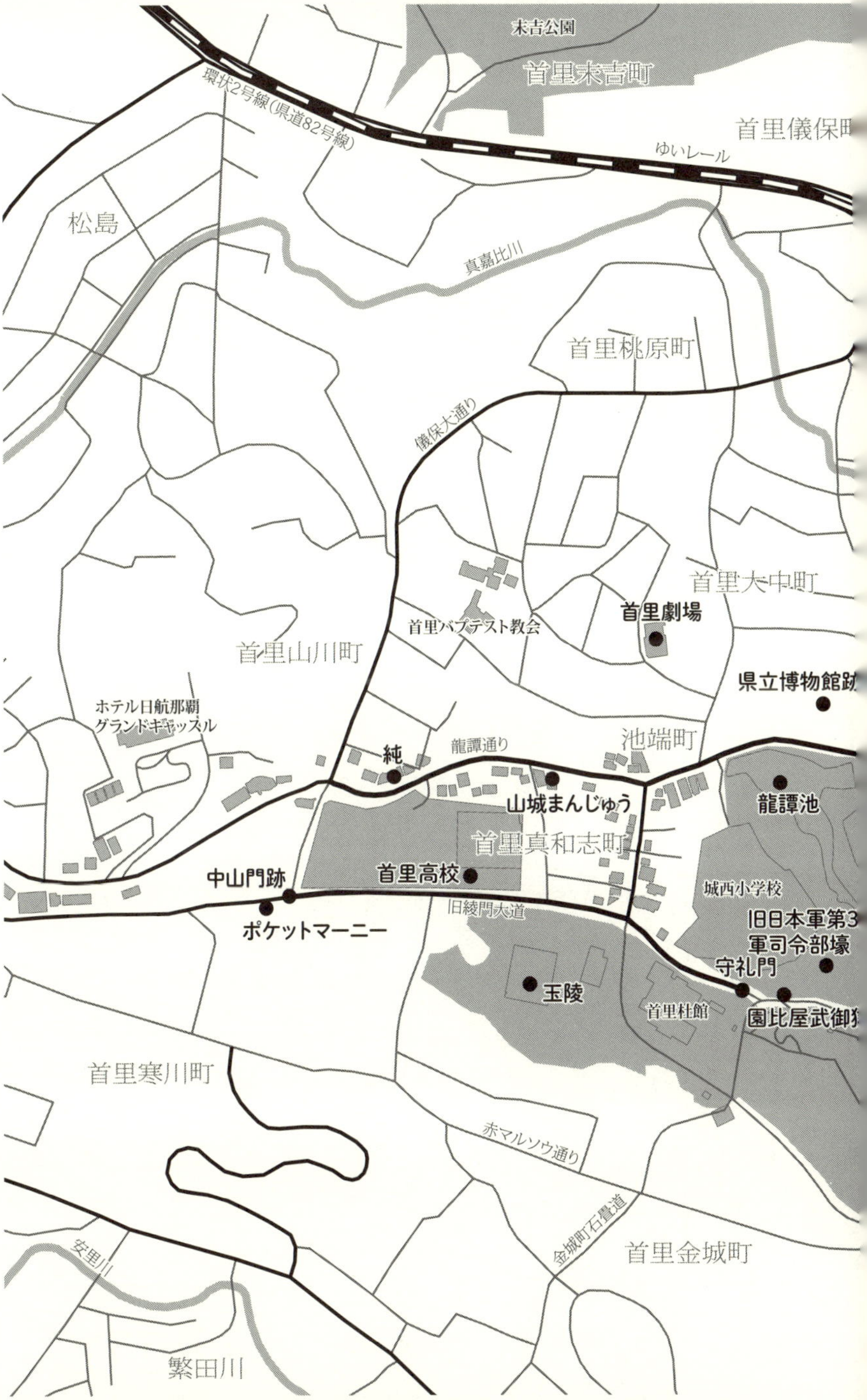

末吉公園
首里末吉町
環状2号線(県道82号線)
首里儀保町
ゆいレール
松島
真嘉比川
首里桃原町
儀保大通り
首里大中町
首里劇場
首里バプテスト教会
首里山川町
県立博物館跡
ホテル日航那覇
グランドキャッスル
池端町
龍譚通り
純
山城まんじゅう
龍譚池
首里真和志町
中山門跡
首里高校
城西小学校
旧綾門大道
ポケットマーニー
旧日本軍第3
軍司令部壕
守礼門
玉陵
首里杜館
園比屋武御獄
首里寒川町
赤マルソウ通り
金城町石畳道
首里金城町
安里川
繁田川

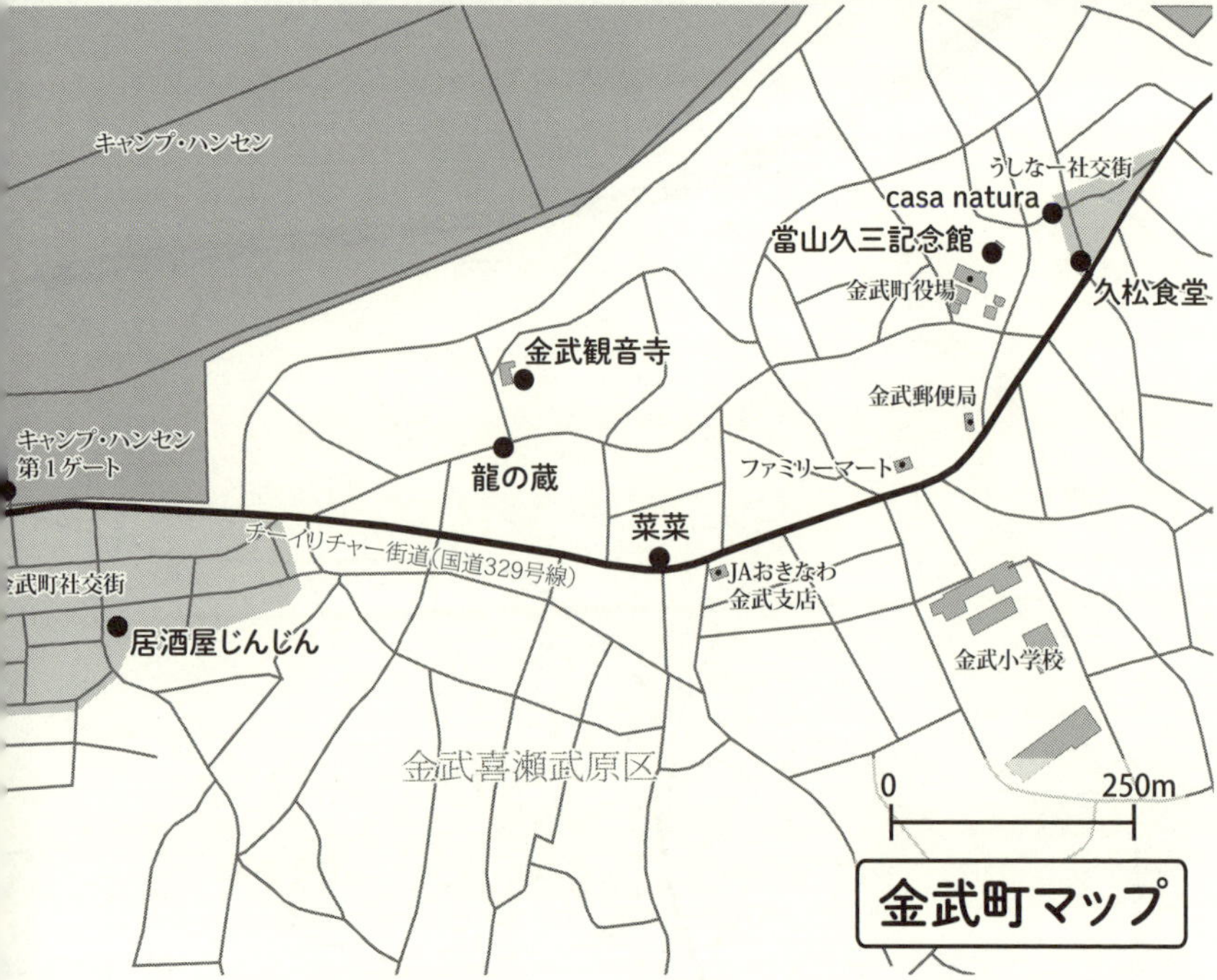

キャンプ・ハンセン
うしなー社交街
casa natura
當山久三記念館
金武町役場
久松食堂
金武観音寺
金武郵便局
キャンプ・ハンセン
第1ゲート
龍の蔵
ファミリーマート
菜菜
チーイリチャー街道(国道329号線)
JAおきなわ
金武支店
金武町社交街
居酒屋じんじん
金武小学校
金武喜瀬武原区
0
250m
金武町マップ

国立沖縄工業
高等専門学校
キャンプ・シュワブ
ゲート前&テント村
国道329号線
キャンプ・シュワブ
辺野古
特飲街
ホテル・ハイビスカス
イタリアンレストラン
神アサギ
フラミンゴ
辺野古
集落
後ヌ御獄
フクギ並木
ヌ御獄
辺野古
キャンプ・シュワブの浜
0
250m
浜のテント
竜宮神拝所
辺野古マップ

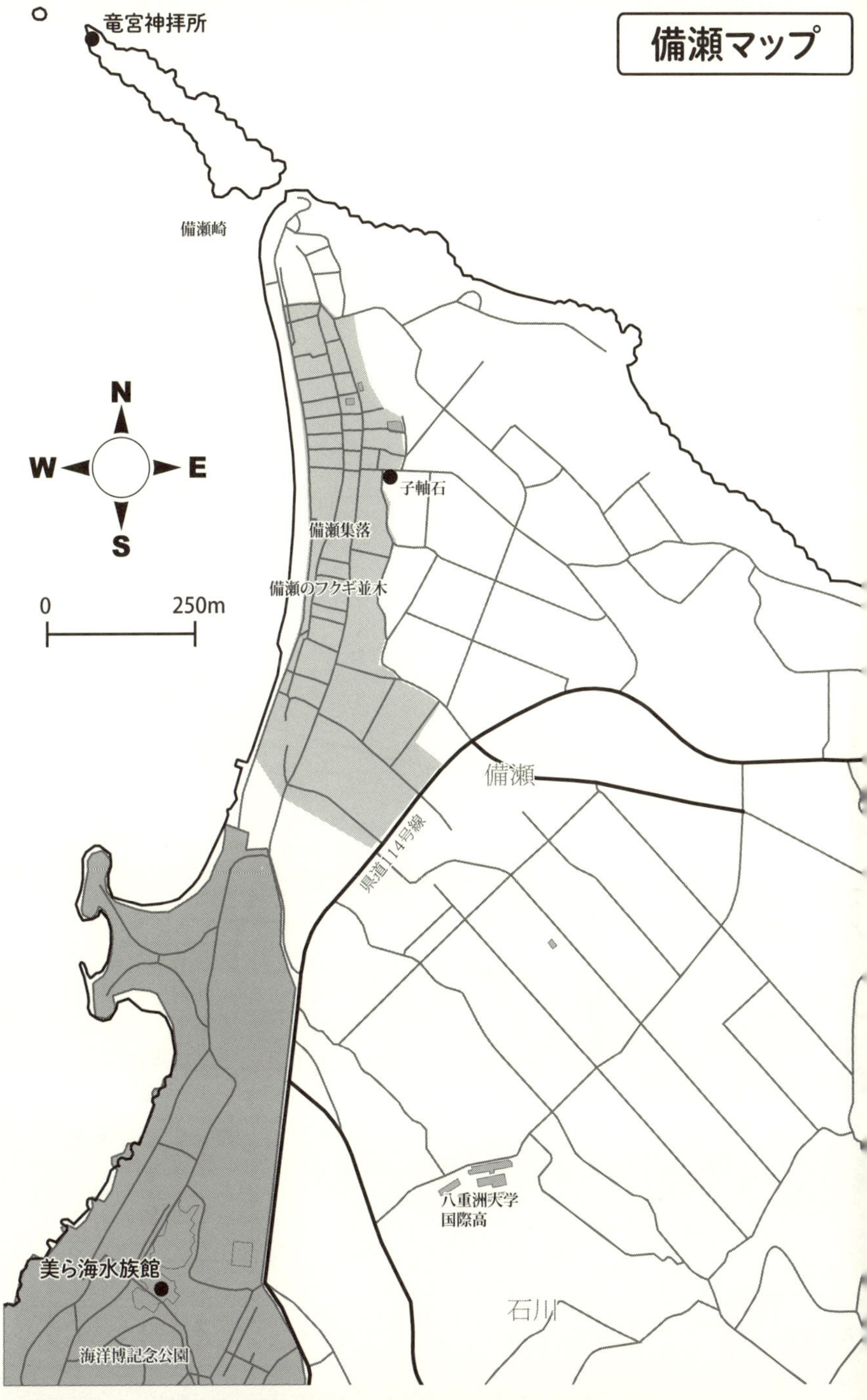
備瀬マップ
竜宮神拝所
備瀬崎
N
W
E
S
0
250m
子轆石
備瀬集落
備瀬のフクギ並木
備瀬
県道114号線
八重洲大学
国際高
美ら海水族館
石川
海洋博記念公園

嘉間良
越来
国道329号線
城前町
比謝川
コザ十字路
住吉
銀天街
サンサン通り(国道330号線)
高田爬虫類研究所
沖縄分室ディノドン
照屋黒人街
室川小学校
安慶田小学校
室川
沖縄市役所
照屋
安慶田
県道20号線
安慶田中学校
N
W
E
S
胡屋
0
250m
高原
沖縄こどもの国

コザ(沖縄市)マップ

嘉手納基地
至八重島→
コリンザ
ワイキキ通り
チャーリー多幸寿
沖縄自動車道
中央パークアベニュー
嘉手納基地
第2ゲート
中央
デイゴホテル
保健所通り
ヒストリート
ゲート通り（空港通り）
ボンベイ
テーラーズ
県道85号線
一本堂
一番街商店街
胡屋十字路
ミュージックタウン音市場
くすのき通り
仲宗根町
上地
中の町なかどおり
中の町小学校
中の町社交街
サンサン通り（国道330号線）
諸見小学校
↑至沖縄自動車道（沖縄南）
グラウンド通り
郵便局通り
胡屋
諸見里
新生パラダイス通り
諸見百軒通り
園田
←至ライカム交差点

浦添市・宜野湾市南部マップ

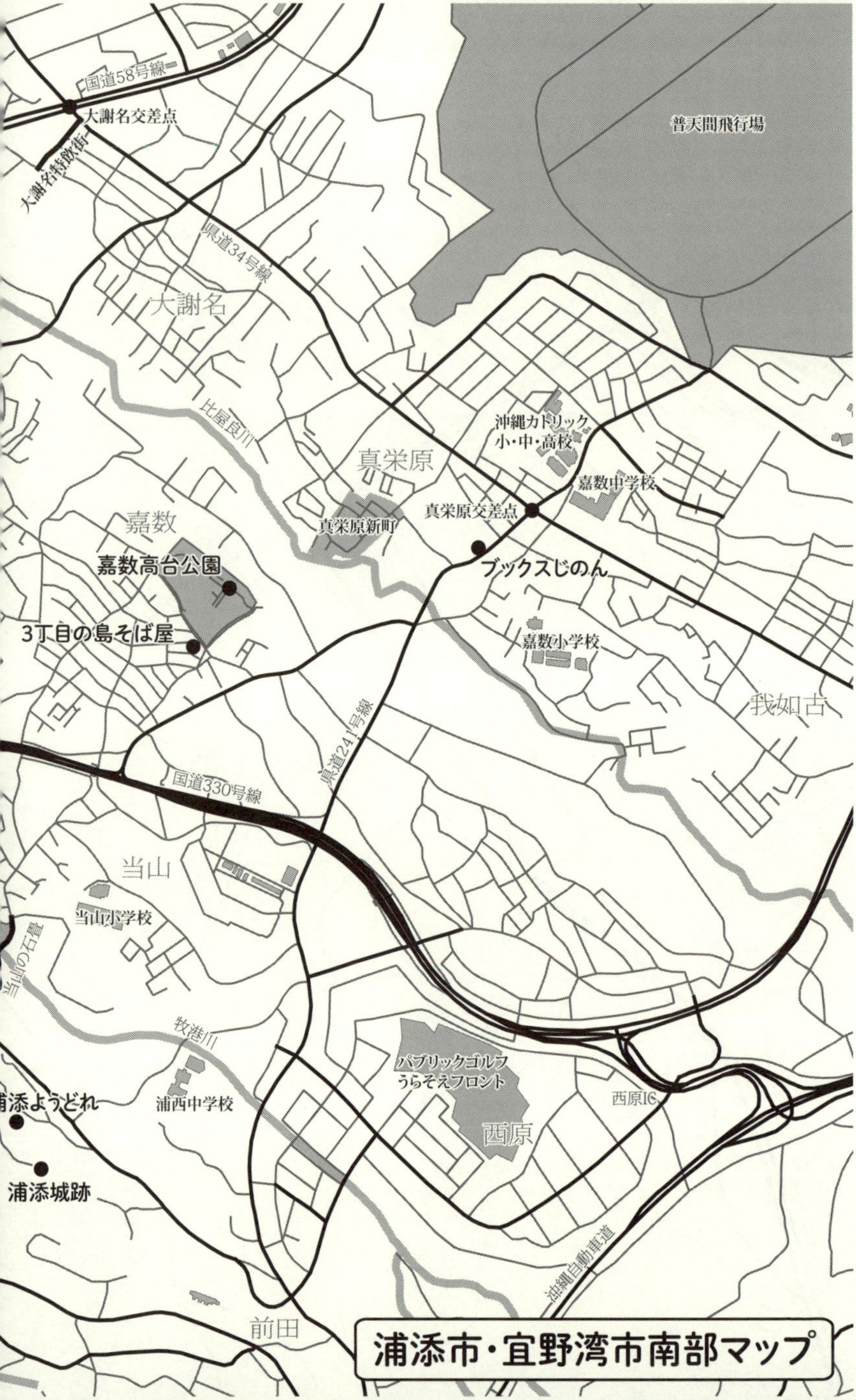

普天間マップ
ニュー割烹
ブエノチキン
普天満宮
ニュー普天間通り
普天間コーヒーシャープ
キャンプ・フォスター
(キャンプ瑞慶覧)
普天間高校
CINDY
普天間でいご通り
すずらん通り
普天間
普天間小学校
三角食堂
新開地
国道330号線
ホルモン焼きサクラ
0 100m
新城
普天間飛行場
野嵩
和豪ホテル
浦添商業高校
城間
泉小公園
伊祖
浦添大公園
浦城小学校
国道330号線
屋富祖
浦添運動公園
浦添グスク
ようどれ館
大平
県道38号線
仲間
浦添小学
浦添中学校
安波茶
N
W
E
S
0 500m
小湾川

泊いゆまち
港町
若狭バース
天久宮
泊高校
泊大橋
泊外人墓地
泊
狭海浜公園
若狭公園
若狭小学校
夫婦瀬公園
泊港
若狭
ちはや書房
とまりん
那覇中学校
前島
福州園
松山公園
松山
国道58号線
那覇商業高校
那覇小学校
松
美栄橋駅
ゆいレール
久茂地
牧志
沖映通り
旧久茂地小学校
県庁前駅
緑ヶ丘公園
ニューパラダイス通り
那覇市歴史博物館
国際通り
那覇市役所
沖縄県庁
松尾
浮島通り

旧那覇マップ

N
W
E
S
0
250m
那覇うみそらトンネル
←至那覇空港
波上宮
波之上
ビーチ
旭ヶ丘公
波之上
三文殊公園
料亭左馬跡
料亭松乃下跡
対馬
記念
辻御獄
辻
料亭那覇
三重城跡
西
ロワジールホテル
真教寺前の交差点
上山中学校
久米
伊波普猷生家跡
天妃小学校
天使館跡
親見世跡
旧大門前通り
波布食堂
東町交差点
サンロイヤルホテル
薩摩藩在番奉行所跡
那覇港
旧仮屋前通り
東町
通堂町
旭橋駅
那覇軍港
国道58号線
旭町

※以下の社会見学マップすべてはOpen Database Licenseによるオープンストリートマップ（© OpenStreetMap contributors）のデータを元に加工しています。

前島
ゆいレール
美栄橋駅
七つ墓
沖映通り
ジュンク堂
大福そば
月光荘
暖暮
ナイクブ古墓群
牧志
緑ヶ丘公園
ニューパラダイス通り
沖映通り
ナイクブ古墓群
陶楽
国際通り
さか
竜宮通り
スターバックス
かどや
旧Bar土
てんぶす
那覇
オリオン通り
桜坂中通り
ホテル
JALシティ那覇
ドンキホーテ
牧志水上店舗
ライオンズ
マンション
那覇の名路
国際通り
市場通り
平和通り
希望ヶ丘公園
←至県庁前駅
田舎
桜坂劇場
桜坂
ウララ
牧志公設市場
嘉数商会
守
てんぷら坂
浮島通り
ホッコリエ&プラヌラ
松尾
言事堂
ガーブドミンゴ
市場通り
神原大通り
神里原
那覇高校
農連市場
樋川

本書で紹介した街歩きスポット

◎データは2016年3月時点のものです

第1章

那覇編（前編）

◆那覇の名路
国際通りのライオンズマンション脇／国際通りから1本脇にそれるだけで、戦後の那覇の風景が眼前に広がる

◆牧志公設市場（第1市場）
那覇市松尾2-10-1／観光客で賑わう那覇で人気の市場。沖縄ならではの楽しい食材を取り扱う店舗がたくさん並んでいる

◆きらく
牧志公設市場2F／台湾料理と沖縄料理がチャンプルーしたメニューが人気のお店

◆田舎（公設市場北店）
那覇市松尾2-9-5／沖縄そばよりもソーキそばの方が安いという謎の名店

◆水上店舗
牧志公設市場の向かいに所在／ガーブ川を暗渠化して建てられた長細い建物。中にはおしゃれなギャラリーなども入っている

◆農連市場
那覇市樋川2-10-1／沖縄の戦後を担った歴史遺産的市場。現在では取り壊しが決定している

◆ジュンク堂那覇店
那覇市牧志1-19-29 D-naha／西日本で最大の本屋さん。那覇の読書文化のホットスポット。沖縄本も充実度は随一

◆月光荘
那覇市牧志1-4-32／スージぐゎー沿いにある渋くて安い、那覇の素敵なドミトリー。繁華街が近くて便利

◆大福そば
那覇市牧志1-4-36／夜遅くまで開いている那覇の素朴な沖縄そば屋さん

◆市場の古本屋 ウララ
那覇市牧志3-3-1／牧志公設市場の向かいの水上店舗の中にある小さくて暖かい古本屋さん

◆ちはや書房
那覇市若狭3-2-29／若狭にある素敵な古本のセレクトショップ。店主の好きな水木しげる本コーナーも充実している

◆言事堂
那覇市松尾2-21-1／美術書・工芸書を中心としたセンスのいい古本屋さん

◆えほんや ホッコリエ
那覇市壺屋1-7-20／浮島通りのおしゃれな絵本のセレクトショップ

◆プラヌラ
那覇市壺屋1-7-20／ホッコリエのすぐ隣にあるカフェ。ロールケーキと紅茶がお勧め

◆古民家Cafe 茶ぁーやー
那覇市安里2-6-6／古民家を改装したカフェ。落ち着いて本が読める。建物裏には古めかしいお墓がある

◆嘉数商会
那覇市牧志3-6-41／オリジナルタオル作成も扱う衣料品店。看板猫の「みーたん」がお出迎えしてくれる

◆おでん六助
那覇市壺屋1-18-45 1F／筑紫哲也氏が常連だった神里原のおでん屋さん

◆ガーブドミンゴ
那覇市壺屋1-6-3／えほんやホッコリ

エの斜め向かいにある沖縄陶器屋さん。若者にも大人気

◆桜坂劇場

那覇市牧志 3-6-10 ／桜坂にある映画館。中にはカフェや雑貨屋なども入っており、桜坂市民大学のサブカル講座も充実している

◆ふくら舎

桜坂劇場内／桜坂劇場内にある可愛らしい陶器屋さん

◆守礼

那覇市牧志 3-6-27 ／「禁断の花園」と言われたゲイバーの老舗

◆マロンの大冒険

那覇市牧志 3-8-20 1F ／かっこいい男子が揃ったゲイバー

◆ナイクブ古墓群

沖映通りからニューパラダイス通りに抜ける通り沿いに所在／那覇市街に広がる巨大な古墓地群。少なくとも 17 世紀にまで遡る歴史を持つ

◆緑ヶ丘公園

那覇市牧志 1-16 ／ナイクブ古墳群のすぐ隣にある公園

◆旧 Bar 土

那覇市牧志 1-3-17 ／知る人ぞ知るバーの名店。沖縄の業界人が集う。2016 年 3 月末より店名を変更して再開

◆南ヌ窯

那覇市壺屋 1-9 ／沖縄県指定文化財の由緒正しい登り窯

◆新垣家・東ヌ窯

那覇市壺屋／国指定重要文化財の旧家・新垣家の中にも登り窯がある。2009 年に連日の長雨で崩落したため復元工事中。完了間近

◆清正陶器

那覇市壺屋 1-16-7 ／壺屋のスージぐゎー沿いにある普久原氏が設計に関わった製陶工房兼店舗

◆やちむんの里

中頭郡読谷村座喜味 2653-1 ／沖縄の伝統焼き物（やちむん）の工房が集まる工芸村

◆育陶園

那覇市壺屋 1-22-33 ／壺屋にある有名な窯元。1 日体験教室もある

◆古民藝 陶楽

那覇市牧志 2-1-16 ／藤井氏いきつけの骨董店

◆安里八幡宮

那覇市安里 3-19-14 ／琉球 8 社のひとつ。拝殿の背後には地上 30 階建ての超高層ツインタワーマンションがそびえる

◆奥武山公園

那覇市奥武山町 52 ／かつては干潟に浮かぶ島だった。運動施設が充実しているだけでなく護国神社と沖宮、世持神社があるパワースポットの公園

◆末吉宮

那覇市首里末吉町 1-8 ／琉球 8 社のひとつ。参道から境内に至るまで森に囲われ霊験あらたかさをいまでも残している神社

◆斎場御嶽

南城市知念久手堅／沖縄最大の聖地のひとつ。世界遺産。久高島を臨む男子禁制の拝所だった

◆天久宮

那覇市泊 3-19-3 ／琉球 8 社のひとつ。三層構成になった変な神社。泊外人墓地近く泊高校の裏手にある

◆泊外人墓地

那覇市泊 3-20-1 ／かつて交易や布教で沖縄に訪れ亡くなった異国人が埋葬された場所。日本へ渡る前に沖縄に訪れたペリー提督の上陸記念碑がある

◆まるまん

那覇市大道 171 ／ヤギ料理がおいし

い栄町交番通り沿いの名店

幕間

カラオケ

◆ちぇ鶏
那覇市安里 387-14 ／栄町の焼き鳥屋さん。三バカ男のいきつけの店

第 2 章

那覇編（後編）

◆三重城跡
ロワジールホテルの裏手に所在／旧那覇の堤防の先端にあった城跡。航海の安全を祈願し船を見送る場所でもあったため、別れを惜しみ琉歌で詠まれることも多かった

◆ロワジールホテル
那覇市西 3-2-1 ／天然温泉とプールのあるリゾートホテル

◆料亭左馬跡
那覇市辻 2-27-1 ／那覇随一の料亭と言われた左馬があった場所。現在はもう営業していない

◆伊波普猷生家跡
那覇市西 1-13-3 ／沖縄学の父と言われる伊波普猷の家があった場所。現在は建物は残っていない

◆薩摩藩在番奉行所跡（旧県庁跡）
那覇市西 1-2-16 ／かつて薩摩の役人や本土出身の知事などが滞在した沖縄の歴史を凝縮した場所。現在は建物は残っていない

◆親見世跡（山形屋跡）
那覇市東町 23-1 ／琉球王朝時代の役所跡。その後、沖縄初の百貨店である山形屋が建っていたが、空襲で焼失した

◆那覇市歴史博物館
那覇市久茂地 1-1-1 4F ／琉球王朝時代から現在までの貴重な沖縄の歴史資料を展示した博物館

◆天使館跡（旧那覇市庁舎跡）
那覇市東町 26-1 ／琉球王朝時代に中国の冊封使が滞在していた天使館はその後那覇市庁舎になった。跡地に建物はないが、大河ドラマ 「琉球の風」 の撮影セットとして復元された建物が体験王国むら咲むらにある

◆琉球サンロイヤルホテル（旧円山号百貨店／庁舎ビル跡）
那覇市東町 6-20 ／現在シティーホテルとなっている場所。かつては鉄筋コンクリート造の百貨店があった。戦災に耐え、補修の上、行政庁舎ビルとして使用されていた。現在は残っていない

◆料亭那覇
那覇市辻 2-2-11 ／沖縄の伝統料理や歌と踊りなどかつての辻のもてなし文化を味わえる格式の高い料亭

◆料亭松乃下跡
那覇市辻 2-10-14 ／辻の遊女だった上原栄子さんが戦後に再建した歴史ある料亭だったが、現在は老人福祉施設になっている

◆辻御嶽
料亭松乃下跡の隣に所在／辻にある歴史の深い御嶽。旧暦の 1 月 20 日は、ここで那覇三大祭りのひとつ尾類馬祭りがおこなわれる

◆三文殊公園
那覇市辻 2-26 ／那覇の古い民間伝承に伝えられる岩山のある公園。戦前は岩山の奥には海が広がっていた

◆波上宮
那覇市若狭 1-25-11 ／琉球 8 社のひとつで最も格式が高いとされる。波之上市民ビーチのすぐそばの岩山の上にある

◆波之上市民ビーチ
那覇市辻 3-10-12／那覇唯一の市営ビーチ。休日は海水浴の人々で賑わう。かつては海水プールと水上店舗があった

◆旭ヶ丘公園
那覇市若狭 1-26-5／波之上市民ビーチのすぐそばにある小さな公園。公園から海が見渡せる

◆奥武山プール
那覇市奥武山町 52／奥武山公園・奥武山総合運動場の中にある県立の公式水泳場

◆対馬丸記念館
那覇市若狭 1-25-37／太平洋戦争中に学童疎開に向かう児童を乗せた船・対馬丸がアメリカの潜水艦に沈没させられた事件を悼んで建てられた記念館

◆若狭海浜公園
那覇市若狭／波之上ビーチのすぐそばにある公園。グランドゴルフ場などもある。海に向かって巨大な龍柱がそびえ建っている

◆若狭バース
那覇市若狭／海外からの観光客などを乗せた大型クルーズ船が停泊する港

第3章

普天間編（前編）

◆嘉数高台公園
宜野湾市嘉数／普天間基地が見渡せる公園として有名。オスプレイの絶景撮影スポット。戦時の激戦地だったため、慰霊碑も多い

◆３丁目の島そば屋
宜野湾市嘉数 3-10-1／嘉数高台公園の入口のすぐそばにあるおいしい沖縄そば屋さん。背徳観が調味料に？

◆道の駅かでな
中頭郡嘉手納町屋良 1026-3／屋上の展望台から嘉手納空軍基地が一望できる。基地の現実を体感したい方に

◆佐喜眞美術館
宜野湾市上原 358／宜野湾市にある私立美術館。丸木位里・俊による「沖縄戦の図」など貴重なコレクションが見られる

◆第 32 軍司令部壕跡
那覇市首里当蔵町／首里城の地下を南北に走る旧日本軍の塹壕跡。崩落の危険のため封鎖されている

◆ブックスじのん
宜野湾市真栄原 2-3-3／佐野眞一氏も御用達の本屋さん。県産本から自費出版本までマニアックな品ぞろえ。沖縄関連書籍は随一

◆港川ステイツサイドタウン
浦添市港川／かつての米軍家族用の外人住宅地を改装したおしゃれなお店が建ち並ぶスポット

◆普天満宮
宜野湾市普天間 1-27-10／琉球 8 社のひとつ。背後にエロい鍾乳洞を抱える「性地」ならぬ「聖地」がある

◆浦添ようどれ
浦添市仲間／ 13 世紀からある琉球王朝の陵墓。ようどれというのは夕凪の意味

◆珍珍洞（イキガ洞）
南城市玉城前川 202／玉泉洞自然公園のガンガラーの谷のツアーコース内にある鍾乳洞。男根型の鍾乳石がある

◆満満洞（イナグ洞）
南城市玉城前川 202／珍珍洞の近くにあるこれまたエロい名前の鍾乳洞。現在、落盤危険のため封鎖されている

幕間

沖縄そば抗争

◆首里そば（本店）
那覇市首里赤田町 1-7／沖縄そばの名店ランキングで常に上位を獲得する「ホワイトカラーそば」の代表格のそば屋さん

◆むつみ橋 かどや
那覇市牧志 1-3-49／国際通りのど真ん中にある人気の沖縄そば屋さん。とんこつラーメンのようなテイスト

◆御殿山
那覇市首里石嶺町 1-121-2／首里そばとともにいまはなき那覇の名店「さくら屋」の味を引き継ぐと言われるそば屋さん

◆我部祖河食堂（本店）
名護市我部祖河 177／ソーキそばの元祖と言われるそば屋さん。藤井氏お勧め

◆丸隆そば
名護市大北 1-10-25／同じくソーキそばの元祖と言われるそば屋さん。どちらが本当の元祖なのかは歴史の闇の中

◆三角食堂
宜野湾市普天間 2-41-1／宜野湾市にある昔ながらの大衆食堂。懐かしい味の沖縄そばやカツが二重になったカツ丼が食べられる

◆前田食堂（本店）
大宜味村津波 985／がっつり系の沖縄そばと言えばココ。コショウ風味の野菜そばが人気

◆暖暮（那覇牧志店）
那覇市牧志 2-16-10／沖縄そばではなく福岡に本社のあるラーメン屋さん。外国人観光客で賑わっている

◆玉家（本店）
南城市大里古堅 913-1／琉球放送の「沖縄そば王決定戦」で優勝した沖縄そばの名店。普久原氏お勧め

◆てぃーあんだ
那覇市天久 1-6-10／那覇の新都心にあるおしゃれな沖縄そば屋さん。仲村氏お勧め

◆松（松山店）
那覇市松山 1-7-6／牛のホルモンをのせた「牛汁そば」がうまい

◆波布食堂
那覇市通堂町 4-22／那覇港のそばにある大衆食堂。肉体労働系の「ブルーカラーそば」の神髄

第４章

普天間（後編）

◆浦添城跡
浦添市仲間 2／国の史跡に指定されている城跡。首里城が建造される以前の王統の中心だった城。浦添ようどれもこの城跡のひとつ

◆浦添大公園
浦添市伊祖 115-1／多くの自然林が残る丘陵を利用した浦添市の総合公園

◆浦添グスク・ようどれ館
浦添市仲間 2-53-1／浦添ようどれの歴史が学べる資料館。ようどれ内部の原寸大ジオラマも体験できる

◆伊江御殿墓
那覇市首里石嶺町 1-62／琉球王族・伊江御殿の歴代墓で琉球最古の亀甲墓があるとされる重要文化財

◆金満宮
那覇市安里 50／お金がもうかるご利益があるかと思いきや、特にそんなご利益はない藤井氏宅の近くにある神社

◆和豪ホテル
浦添市城間 4-9-6／深作欣二氏の映画『博徒外人部隊』のロケにも使われた沖縄の戦後の風情を色濃く残すラ

ブホテル

◆ボンベイテーラーズ

沖縄市上地1-5-1／コザにあるインド人テーラーのスーツのお店。藤井氏もスーツをオーダーした

◆一本堂

沖縄市上地1-3-2／本土復帰の頃から営業しているコザの武具店。トンファーやヌンチャクがかっこいい

◆ニュー割烹

宜野湾市普天間1-31-30／ニュー普天間通り沿いにある割烹なのか居酒屋なのかよくわからない不思議なお店

◆普天間コーヒーシャープ

宜野湾市普天間1-27-9／1971年から営業している老舗軽食店。流暢なウチナー英語で発音した「コーヒーショップ」

◆ホルモン焼きサクラ

宜野湾市普天間1-1-12／藤井氏お勧めのホルモン焼き屋さん。アグーのホルモン焼きが食べられる

◆串豚

那覇市泊1-22-16／三バカ男の会議室代わりの那覇市泊にあるもつ焼き屋さん

◆ブエノチキン（普天間店）

宜野湾市普天間1-28-13／やんばる若鶏の丸焼きがおいしい鶏料理屋さん

◆ CINDY

宜野湾市普天間2-48-8／最後のAサインバー。店内は当時通いつめた米兵たちの気配が強く残っている

第5章

コザ編

◆デイゴホテル

沖縄市中央3-4-2／「上質のB級」が売り文句のシティーホテル。ベトナム戦争当時、米兵の家族たちが連泊した

◆プラザハウスショッピングセンター

沖縄市久保田3-1-12／日本で初めてのショッピングセンター。日本のショッピングモーライゼーションは沖縄からはじまった

◆イオンモール沖縄ライカム

中頭郡北中城村アワセ土地区画整理事業区域内4街区／米軍専用ゴルフ場だった泡瀬ゴルフ場返還跡地に建設された沖縄最大のリゾート型ショッピングモール

◆高田爬虫類研究所（沖縄分室）

沖縄市照屋1-15-3 2F／椎名誠氏の作品にも出てくる「蛇専務」こと高田榮一氏のつくった爬虫類専門のショップ

◆沖縄こどもの国

沖縄市胡屋5-7-1／かつて高田爬虫類研究所があった動物園がある

◆コーヒーハウス・響

沖縄市八重島2-7-48／元Aサインバーを改装したカフェ。オーディオ設備がすごく内装もかっこいい

◆大国ミロク大社

沖縄市八重島2-7-45／コザ八重島の道中に突然現れる神社。信仰のため洞窟を巡り続けた開祖が発見した遺跡は数知れず

◆山下町第1洞穴遺跡

那覇市山下町／約3万2000年前の山下洞人と推測されている人骨も出土した、奥武山公園駅からすぐ近くの場所にある旧石器時代最古の遺跡

◆玉泉洞

南城市玉城前川1336／南城市にある巨大な鍾乳洞。観光スポットとしても有名。ここでハブとマングースの決闘を見た人も多いはず

◆ミュージックタウン音市場

沖縄市上地1-1-1 3F／市街地再開発

により基地の街であるコザの音楽文化を前面に掲げてつくられた多目的ホールと音楽スタジオなどを配した複合施設

◆沖縄市戦後文化資料展示室・ヒストリート

沖縄市中央 1-17-17／コザの戦後の歴史の貴重な資料が展示されおり、『コザ・ブンカ・ボックス』などの本も充実している。ぜひ立ち寄ってみよう

◆コリンザ

沖縄市中央 2-28-1／鳴り物入りで誘致されたショッピングモールだが、テナントが入らずガラガラであることでも有名。空きフロアを改修して図書館を移転する計画がある

◆チャーリー多幸寿

沖縄市中央 4-11-5／タコスが有名なコザの老舗メキシコ料理屋さんで、中央パークアベニューに残る唯一の元 A サインレストラン

◆美浜アメリカンビレッジ

中頭郡北谷町美浜／アミューズメント施設やレストラン、映画館やショップが建ち並ぶ大型商業施設群。観光客や若者に人気

◆サンエーハンビータウン

中頭郡北谷町北前 1-2-3／キャンプ・フォスターのハンビー飛行場部分の返還跡地に建つサンエーが運営するショッピングモール

◆ナポリ座跡

中頭郡北谷町吉原／当時「謝苅」にあった映画館跡。現在は建物はそのままで建設会社になっている

◆宮森小学校

うるま市石川 1-46-1／1959 年に米軍機が墜落し、多くの死傷者を出した悲劇的な事件のあった小学校

◆U・S レストラン

うるま市石川 1-28-19／元 A サインレストランとして有名なメキシコ料理屋

<u>幕間</u>

糸満ぶらり旅

◆山巓毛公園

糸満市糸満／糸満漁港の向かいの展望台のある公園。沖縄の三国時代（三山時代）の南山最後の王・他魯毎が自害した場所としても有名

◆美々ビーチ

糸満市西崎町 1-6-15／白砂の美しいリゾートビーチが堪能できるスポット

◆北名城ビーチ

糸満市名城／手つかずの自然のビーチだが、手つかずだけにゴツゴツした岩のある野生のビーチ

◆道の駅いとまん

糸満市西崎町 4-19-1／いとまんの物産やお土産がたくさんある充実の道の駅

◆うまんちゅ市場

糸満市西崎町 4-20／地域の生産者が育てた地産野菜の直売をおこなう市場

◆お魚センター

糸満市西崎町 4-19／糸満漁業協同組合が運営する新鮮な地元の魚の販売所

◆ちゃんぷる～市場

沖縄市登川 2697-2／地元の野菜がところ狭しと並ぶ安くて楽しい市場。沖縄市にある

◆糸満公設市場

糸満市糸満 989／糸満漁港と隣接したさまざまな地元の店が建ち並ぶ市場

◆泊いゆまち

那覇市港町 1-1-18／水揚げされたばかりの新鮮な魚を販売している。那覇

の泊漁港内にある

◆すみれ茶屋

那覇市安里48-201／藤井氏が通う沖縄の地魚のうまい那覇の居酒屋

第6章

金武町・辺野古編

◆久松食堂

国頭郡金武町金武41／まるでカレーライスのような見た目のチーイリチャーが食べられる名店

◆菜菜

国頭郡金武町金武409／チーイリチャーも売っている。バイキング式でおかずを選べるお弁当屋さん

◆當山記念館

国頭郡金武町金武45-3／「移民の父」と呼ばれる沖縄の政治家・教育者の當山久三の功績を讃えてつくられた記念館

◆ casa natura

国頭郡金武町金武35／金武町のナチュラル系ショップ。ジャムやアロマなど幅広く揃えている

◆居酒屋じんじん

国頭郡金武町金武4244-1／菜菜の系列店で、久松食堂と並び金武町でチーイリチャーを出すお店。米軍属も多く訪れるので一風変わったメニューが見られる

◆山羊料理さかえ

那覇市牧志3-12-20／那覇の竜宮通り沿いにあるヤギ料理屋の名店。ヤギのチーイリチャーが食べられる

◆金武観音寺

国頭郡金武町金武222／庭に猫がたくさんいる神社。観音堂内の鍾乳洞には琉球8社のひとつ金武宮がある

◆鍾乳洞古酒蔵・龍の蔵

国頭郡金武町金武245／鍾乳洞の中で古酒を熟成してくれるサービスがある。豆腐ようなども販売している

◆辺野古の神アサギ

辺野古の旧集落に所在／村落の祭祀において中心となる神を招くための場所で、軒の低い屋根と柱だけでつくられた建物が置かれる

◆後ヌ御嶽

辺野古の旧集落に所在／前ヌ御嶽の場所から現在の場所に村落移動した際に設置したとされる御嶽。辺野古交番から坂道を下った角の公園にひっそりとある

◆前ヌ御嶽

辺野古の旧集落に所在／現在の集落に流れる川の反対側にあり、辺野古集落発祥の場所とされる御嶽

◆フクギ並木

辺野古の旧集落に所在／辺野古にわずかに残されたフクギ並木。かつては集落の住居はフクギに覆われていた

◆イタリアンレストラン

名護市辺野古355-2／名前と違って特にイタリアンではないレストラン。Aランチやチャプスイ等の米国由来のメニューが名物

◆『ホテル・ハイビスカス』のモデルとなった建物

辺野古特飲街の交番付近に所在／映画『ホテル・ハイビスカス』のロケ地のひとつ。ガラス窓には「ホテル・ハイビスカス」の名前が薄っすらと残っている

◆備瀬のフクギ並木

国頭郡本部町備瀬／緑の並木道から海が見える絶景ポイント。並木のおかげで、夏でも沖縄の直射日光を受けず涼しく歩ける。観光地として有名

◆美ら海水族館

国頭郡本部町石川424／世界最大級の水槽開口面積を持ち、ジンベエザ

メが悠々と泳ぐ姿を見ることのできる水族館として観光客で連日賑わう

◆備瀬の竜宮

備瀬崎の突端に所在／竜宮神をまつる格式高い拝所。沖縄7竜宮のひとつ。干潮時にのみ渡ることができる島の突端にある

◆辺野古の竜宮

辺野古漁港先に所在／キャンプ・シュワブの浜のすぐ近くにある忘れ去られたような拝所

◆伊江島タッチュー

国頭郡伊江村／伊江島の中央にそびえる岩山のこと。城山（ぐすくやま）とも呼ばれる聖地

幕間

辺野古ゲート前

◆テント村（ゲート前）

キャンプ・シュワブのゲート前に所在／普天間基地移設問題で揺れる沖縄で、辺野古への基地新設反対を唱える人たちが座り込んでいる場所

◆浜辺のテント

キャンプ・シュワブ隣の海岸沿いに所在／キャンプ・シュワブの浜のすぐ脇にあるテント。初心者はまずここに立ち寄ろう

第7章

首里編

◆あさと御殿

那覇市安里1-4-16／安里三叉路の角にある名店。灰汁をつなぎにした麺が有名

◆達磨峰西来院

那覇市首里赤田町1-5-1／「首里そば」のすぐ近くにある禅寺。仲村氏も水子供養（?）に訪れた

◆首里城

那覇市首里金城町1-2／いわずと知れた琉球王朝の城。戦禍で焼失し、現在の城は戦後に再建されたもの

◆首里森御嶽

那覇市首里金城町1-2／首里城奉神門の前にある格式の高い御嶽。かつて首里城の周りには10個もの御嶽があったという

◆玉陵

那覇市首里金城町1-3／琉球王朝の第2尚氏王統の歴代の王様のお墓がある遺跡。世界遺産

◆守礼門

那覇市首里金城町1／首里城のかつての大通りだった綾門大道に建てられた楼門

◆園比屋武御嶽石門

那覇市首里当蔵町3／16世紀の琉球王国・尚真王時代の由緒正しい御嶽

◆崇元寺

那覇市泊1-8-3／泊と首里城の間にあった臨済宗のお寺。沖縄戦で焼失し、現在は石門だけが残っている

◆首里観音堂

那覇市首里山川町3-1／17世紀に建立された格式の高いお寺。沖縄の観音信仰の聖地

◆今帰仁城跡

国頭郡今帰仁村今泊5101／14世紀の三山時代に建てられた琉球王朝以前の北山の居城。「野面積み」と呼ばれる石の積み方が他の城跡との年代の違いを物語る

◆龍譚池

那覇市首里真和志町1／琉球王国の第一尚氏・尚巴志王の命令でつくられたとされる人工の池

◆弁財天堂

那覇市首里当蔵町1／円覚寺の前にある人工池・円鑑池の中央に建てら

れた小堂

◆首里高校

那覇市首里真和志町 2-43 ／沖縄の戦前からの長い伝統を持った公立高校にして普久原氏の出身校

◆旧県立博物館跡

那覇市首里大中町 1-1 ／かつて中城御殿があった龍譚池前の場所で、戦後は県立博物館が建てられた。現在は更地になっており中城御殿を復元する計画がある

◆耳切り坊主譚の交差点

那覇市首里大中町／龍譚池と旧県立博物館跡の角にあるエロ坊主の幽霊が出るという伝承のある交差点

◆護国寺

那覇市若狭 1-25-5 ／琉球王朝の祈願寺だった真言宗の寺。ここの住持が耳切り坊主のモデルとなった

◆那覇県立博物館・美術館

那覇市おもろまち 3-1-1 ／那覇の新都心に建てられた県立の博物館と美術館。さまざまな企画展がおこなわれている

◆軽食事の店・純

那覇市首里山川町 1-48 ／黄色いカレーが食べられる首里高校の近くの軽食店

◆ポケットマーニー

那覇市首里寒川町 1-4 ／首里高生も多く通うカレー専門店。インド風チキンカレーがお勧め

◆山城まんじゅう

那覇市首里真和志町 1-58 ／月桃の葉で包んだまんじゅうが有名なお店

◆首里劇場

那覇市首里大中町 1-5 ／現存する沖縄最古の木造映画館。格式高い劇場だったが現在はポルノ映画館になっている

社会見学マップ

備瀬 第6章
伊江島
古宇利島
505
屋我地島
瀬底島
449
58
331
沖縄本島
58
329
辺野古 第6章
金武 第6章
金武湾
伊計島
58
宮城島
コザ 第5章
平安座島
浜比嘉島
旧那覇
第2章
普天間 第3・4章
中城湾
浦添・宜野湾 第4章
330
津堅島
329
首里 第7章
331
久高島
331
那覇 第1章
331

沖縄　オトナの社会見学 R18

2016年5月8日　第1版第1刷発行
2019年5月12日　第1版第3刷発行

著者　仲村清司・藤井誠二・普久原朝充

発行所　株式会社 亜紀書房
〒101-0051 東京都千代田区神田神保町1-32
電話　03-5280-0261
http://www.akishobo.com
振替　00100-9-144037

装丁　矢萩多聞

印刷・製本　株式会社 トライ
http://www.try-sky.com

ISBN978-4-7505-1472-7